MARQUIS DE SÉGUR

Portrait d'âme

HENRI DE LASSUS SAINT-GENIÈS

PARIS

VICTOR RETAUX, LIBRAIRE-ÉDITEUR

82, RUE BONAPARTE, 82 (VIᵉ)

Portrait d'âme

Ouvrages du même auteur

✢

Monseigneur de Ségur, souvenirs et récit d'un frère. 1 vol.
gr. in-8°, orné de nombreuses gravures.................. 4 fr. »

Lettres de Mgr de Ségur. 2 vol. in-18 jésus...... 3 fr. »

Vie du comte Rostopchine. 1 vol. gr. in-8°, orné de nombreuses gravures............................... 4 fr. »
— Le même. 1 vol. in-18 jésus, non illustré............... 3 fr. 50

Témoignages et Souvenirs. 1 vol. gr. in-8°, orné de nombreuses gravures............................... 4 fr. »

La Bonté et les affections naturelles chez les Saints.
3 vol. in-18 jésus............................... 10 fr. 50

✢

Portrait d'âme

HENRI DE LASSUS SAINT-GENIÈS

PAR

LE MARQUIS DE SÉGUR

PARIS

VICTOR RETAUX, LIBRAIRE-ÉDITEUR

82, RUE BONAPARTE, 82

A Madame la Baronne

DE LASSUS SAINT-GENIÈS, née d'AIGUESVIVES,

J'OFFRE CES PAGES INTIMES

OÙ J'AI CHERCHÉ A FAIRE PASSER

LA GRANDE ÂME DE SON FILS.

A. DE SÉGUR

AVRIL 1901

Portrait d'âme

HENRI DE LASSUS SAINT-GENIÈS

PROLOGUE

Ceci n'est pas une biographie, encore moins une histoire. Ni l'importance des événements, ni la célébrité du personnage ne justifieraient ce dernier titre. Ce n'est pas non plus un panégyrique, ni l'équivalent de ces éloges officiels où les académiciens vivants couronnent de fleurs mortes les bustes, parfois inexpressifs, de leurs devanciers.

C'est plutôt, si j'ose le dire, quelque chose comme le portrait d'une âme, gravée profondément dans une mémoire amie, reproduite avec amour et fidélité dans la série des actes où elle s'est révélée, auxquels elle a communiqué, suivant les temps et les circonstances, son charme et sa grandeur.

La grandeur en effet peut se manifester dans les petites choses, comme la petitesse dans les grandes ; et de même qu'il y a des âmes de Souverains restées misérables et nulles dans la magnificence extérieure de leur vie terrestre, il se rencontre des âmes d'enfants, de jeunes gens, d'ouvriers, de soldats, de mendiants, dont l'éclat intérieur illumine ceux qu'elles habitent, et transfigure jusqu'à leurs haillons.

L'âme que le souvenir le plus tendre, l'estime la plus parfaite, poussée jusqu'au respect, parfois même jusqu'à l'admiration, me font une douce loi de présenter ici aux âmes droites qui ne la connurent pas, n'habita ni le corps d'un millionnaire, ni celui d'un mendiant ; elle ne revêtit pas la pourpre royale, ni le manteau troué d'un pèlerin. Henri de Lassus, son hôte terrestre, était né dans ce rang social élevé, où l'on peut prétendre à tout, sans être sûr de rien, traîner sa vie dans les vulgarités, ou l'honorer soit dans les carrières politiques ou militaires, soit dans les professions intellectuelles et libérales.

Voici d'ailleurs, l'état civil historique de sa famille, écrit de sa main et conservé dans ses papiers. Cette note date de 1880. Les partisans de l'atavisme pourront l'étudier avec quelque intérêt.

« Ma famille est originaire de la vallée d'Aure, dans les Pyrénées, où mon nom est honorablement connu par un grand nombre d'actes publics depuis le xi⁰ siècle.

« Vers la fin du xvi⁰ siècle, elle s'établit à Montréjeau (Haute-Garonne), dont mes ancêtres ont été seigneurs jusqu'à la Révolution, et où habite encore le

chef de la branche aînée. Au commencement du
XVIIIe siècle s'est détachée de Montréjeau la branche à
laquelle j'appartiens, et dont mon père, le baron de
Lassus Saint-Geniès, est aujourd'hui le représentant.

« Parmi les membres du Parlement de Toulouse, qui
sous la Terreur furent transférés à Paris, écroués à la
Conciergerie et guillotinés, se trouvaient : M. de
Cambon, dernier premier Président du Parlement, mon
trisaïeul ; M. d'Ayguesvives, Président de Chambre,
mon trisaïeul ; et M. de Lassus-Nestier, mon grand-
oncle. Le baron de Malaret, mon arrière grand-père,
fut maire de Toulouse et pair de France.

« Mon grand-père, capitaine d'artillerie sous le premier
Empire, a été décoré à 24 ans sur le champ de bataille
de la Moscowa. Mon père, ancien préfet, est comman-
deur de la Légion d'honneur. »

Beaucoup d'honneur, de mérite, de courage, et peu
de chance, voilà, résumé dans ce court historique, ce
qu'Henri de Lassus trouva dans l'héritage paternel et
dont nous retrouverons quelque chose en sa vie.

Je ne veux pas dire que ce fut pour lui une petite
chance de naître de parents de noble race, et d'insigne
vertu, près d'un frère et de sœurs aimés ; de s'unir, par
un mariage charmant, à la fiancée longtemps attendue
de son âme, union couronnée par la naissance d'enfants
heureusement doués ; enfin, de rencontrer, au milieu de
la sympathie universelle, des amis d'élite, épris de son
intelligence et de son cœur jusqu'à l'enthousiasme.
Mais, outre que le temps ne lui fut pas laissé de se
rassasier de ces bonheurs, de se reposer dans la dou-

ceur automnale de son foyer, de cultiver jusqu'à leur floraison les dons naturels de ses chers enfants, l'occasion lui fut refusée par la divine Providence de mettre en pleine valeur les facultés extraordinaires dont elle l'avait doté.

Il ne manqua jamais à l'occasion ; ce fut l'occasion qui toujours lui manqua. A l'inverse de tant de médiocrités ou de demi-talents qu'on voit portés par les circonstances aux honneurs, aux grands emplois, même aux académies, la vie d'Henri de Lassus offrit le spectacle d'une nature exceptionnelle réunissant les qualités qui font les grands artistes, les grands orateurs, les grands écrivains, les vaillants soldats, et d'une opposition des choses qui, dès ses premiers pas dans chacune de ces voies, l'arrêta comme une sorte de holà mystérieux du Maître souverain de toutes les destinées.

A ce point de vue, la vie d'Henri de Lassus offre un intérêt poignant, et cette lutte entre sa volonté énergique, son intelligence hors ligne et la volonté divine qu'il adora en chrétien, sans d'abord la comprendre, communique à sa simple histoire un caractère presque dramatique, qui pourrait se traduire par ce titre : « Les épreuves d'une grande âme. »

Je ne m'en étonne pas. Cette destinée était la plus digne de cette âme. La souffrance est la compagne ordinaire des esprits supérieurs, de la haute vertu, et depuis l'Evangile et le Calvaire, la croix est le sceau des élus. Platon n'avait-il pas entrevu ce mystère quand il écrivait plusieurs siècles avant Jésus-Christ, que si jamais Dieu descendait sur la terre, les hommes le feraient mourir sur une croix? Henri de Lassus n'est pas mort sur la croix, mais la croix a marqué les principales étapes de sa vie, et quand il mourut, jeune encore, il la tenait serrée sur sa poitrine et gravée dans son cœur.

Il est une épreuve cependant, qui lui fut épargnée, l'épreuve très amère des génies incompris. Inconnu de la foule, de la presse, de ce qui fait l'illustration ou la gloire, il ne fut méconnu par aucun de ceux qui l'approchèrent. Tous, petits ou grands, égaux ou supérieurs, éprouvèrent le charme de sa personne, subirent l'ascendant de son caractère, de son esprit, de son cœur; et jusque chez les plus illustres, tels que le général Chanzy en Afrique, Rossini, Gounod, César Franck, et tant d'autres, parmi ceux même qui ne firent que l'entrevoir, il laissa l'impression profonde d'une personnalité unique, ayant quelque chose d'imposant, d'insondable, que les autres n'ont pas.

CHAPITRE Ier

JEUNESSE — VOCATION MUSICALE

Henri de Lassus naquit à Toulouse, le 21 janvier 1851, et passa ses premières années, soit dans sa ville natale, soit au château de Saint-Geniès, situé à quelque distance de l'antique capitale du Languedoc.

Ce château, qu'il aimait passionnément, avait gardé quelques vestiges d'une demeure seigneuriale. Bâti sur une hauteur, à l'extrémité d'un parc de quelques hectares qu'entouraient de vieilles murailles descendues par le cours des âges au rang de simples murs de clôture, il touchait à l'église du village et s'y reliait par une grande tribune ouverte où les châtelains et leurs hôtes entendaient la messe et venaient adorer le Saint Sacrement.

C'est là qu'Henri passa les années heureuses de son enfance, cultivant les fleurs qu'il adorait et qu'il retrouvait avec une joie toujours nouvelle chaque fois qu'il y revenait. Sa nature poétique et rêveuse jouissait, dès cet âge, du charme silencieux et paisible de la campagne. Une douceur ferme, presque grave, formait déjà le fond de son caractère, bien qu'il eût des accès de gaieté, et qu'il ne dédaignât point les jeux de l'enfance. Cette gravité précoce, naturelle, tempérée par une grande bonté, séduisait ses camarades, comme ses serviteurs et ses maîtres.

D'une franchise absolue, cet enfant était déjà un honnête homme. Jamais, d'après le témoignage de sa
mère, un mensonge n'est sorti de sa bouche. A sept
ans, elle ne put obtenir de lui qu'il fît, à un petit voisin
de campagne qui l'excédait, et dont il avait fui la visite,
une phrase de regret de l'avoir manqué. — « Maman,
ce n'est pas vrai, je ne puis le dire. » — Et il ne le
dit pas.

Ses parents, ne voulant pas se séparer de lui, le gardèrent chez eux pendant toute sa jeunesse. Il les suivait, avec son frère et ses sœurs dans leurs diverses résidences administratives. C'est ainsi qu'il fit sa première
communion à Melun, avec les enfants de la paroisse. Il
était alors dans sa douzième année.

Tous ceux qui assistèrent à la cérémonie furent
frappés de son attitude, de ce charmant visage, si
calme, si recueilli, presque austère, dans un âge si
tendre. Ce n'était pas la piété expansive d'un enfant;
c'était dès lors ce que les théologiens appellent la vertu
de religion, vertu rare et fondamentale qu'il conserva
toujours, au milieu même des épreuves douloureuses
que nous raconterons plus tard.

Les personnes de son intimité voyaient avec ravissement grandir cette vive intelligence, cette raison toujours en avance sur son âge, qui lui faisait des amis
parmi les jeunes gens et les hommes, plutôt que parmi
les enfants. De l'enfant, il gardait pourtant la candeur,
la simplicité, et aussi la tendresse, quoique déjà contenue
par une fermeté qui dominait son exquise sensibilité.
Sans le vouloir, sans le savoir, il devenait le conseil,
l'exemple de tous les siens.

A Perpignan, puis à Melun, où son père fut préfet, il fit ses études élémentaires et classiques avec des professeurs qu'il étonnait par sa facilité prodigieuse, par la profondeur de sa pensée, et dont il devenait l'orgueil et l'ami.

Sans autre secours, sans école préparatoire, il fit si rapidement ses humanités, qu'il se présenta à l'examen du baccalauréat, et fut reçu brillamment en 1866, avant d'avoir accompli sa seizième année. On sait qu'à cette époque, les lettres, les sciences, la philosophie étaient réunies en un seul examen. Ses juges et les assistants s'étonnèrent jusqu'à l'admiration des réponses nettes et précises, des connaissances approfondies, de l'assurance pleine de modestie de ce candidat imberbe, de figure ingénue, qui semblait plus jeune encore que son âge.

Je le vois toujours à cette époque de la vie où s'achève l'adolescence, dans le rayonnement de sa belle jeunesse, respirant l'intelligence, l'ardeur contenue d'une âme enthousiaste, la pureté d'une jeune fille avec le regard d'un penseur, et la décision d'une volonté virile. Sa taille, un peu au-dessous de la moyenne, était élégante, sa tenue droite et ferme. Ses cheveux bruns, son front uni et lumineux, ses traits réguliers, ses grands yeux noirs où les tendresses et les énergies de son âme se peignaient tour à tour, tantôt voilant, tantôt laissant rayonner ses sentiments intimes, attiraient invinciblement l'attention, la sympathie la plus vive. On ne pouvait se défendre du désir de le connaître, de l'aimer et de mériter son affection. Mais ce qui dominait tout le reste, c'était l'impression pénétrante de la beauté morale, qui sortait de lui comme la respiration de son âme.

C'est à lui que je pensais, en écrivant dans un recueil de poésies, intitulé : « La Maison », un sonnet que je reproduis ici, parce qu'il exprime bien le charme de son adolescence.

La Beauté

Quand la terre repose encore,
Il est beau, le reflet lointain,
Premier sourire du matin
Qui la réveille et la colore.

La vie est belle à son aurore,
Quand, rêvant un heureux destin,
Elle vient s'asseoir au festin
Qu'un rayon d'espérance dore.

Mais je connais, ô Dieu clément,
Un spectacle encor plus charmant
Que le réveil de la nature,

Que l'espérance en sa fraîcheur,
Et que la jeunesse en sa fleur,
C'est la beauté d'une âme pure.

Ces quatorze vers sont bien peu de chose, mais je ne puis les relire sans émotion. Ils me rappellent le jour où je les écrivis à la campagne par une belle matinée de mai, baignée de soleil et de rosée, après un entretien où, m'entrouvrant son cœur, Henri de Lassus m'y laissa lire l'amitié dont il m'honorait et qui fut une des plus pures joies de ma vie.

Un autre souvenir non moins cher de cette époque lointaine est la lecture que je fis à mon jeune ami de ma tragédie de Sainte Cécile, qui n'était pas encore éditée. Il avait seize ans, et ma confiance en son jugement était si grande, que son impression valait pour moi celle d'un critique attitré.

La légende, ou plutôt l'histoire authentique de Sainte Cécile, rapportée dans les Actes des Martyrs, est une des plus émouvantes du monde. Les noces de cette vierge patricienne, descendante des Scipions, avec Valérien, patricien comme elle, mais païen, et ne la sachant pas chrétienne, l'aveu de l'épouse dans la chambre nuptiale, la conversion du jeune époux après une scène de désespoir, de tendresse et de larmes, son baptème aux Catacombes, suivi de son martyre, l'interrogatoire de Cécile par le Préfet de Rome, sa condamnation, ses adieux aux pauvres, aux veuves, aux enfants, réunis dans son palais, ses chants inspirés au moment de son supplice, tout cela justifiait, et au delà, l'émotion d'un jeune sage de seize ans, à l'âme virginale, enthousiaste, épris de l'idéal et grand ami de l'auteur.

Malgré toutes ces circonstances atténuantes de ma vanité, pendant ma lecture, je jouissais délicieusement des sentiments que je voyais passer dans ses yeux, sur ses lèvres qui s'entrouvaient sans parler, dans sa respiration haletante, dans les rougeurs subites qui montaient à ses joues, à mesure que se déroulaient dans le drame les péripéties de cette sublime histoire. Je le suivais du regard, et quand j'arrivai au dernier vers de ces quatre actes, qu'il n'avait interrompu que de quelques brèves paroles, il me regarda à son tour et me serra la main avec une telle intensité de sentiment, que je rougis et pâlis moi-même, comme si, dans cette étreinte, son âme avait coulé jusqu'au fond de mon âme.

La tragédie de Sainte Cécile m'a valu depuis quelques félicitations précieuses, quelques succès mondains et académiques, mais aucun n'a pénétré dans mon cœur et n'y est resté gravé aussi profondément que l'émotion silencieuse d'Henri de Lassus à seize ans.

Sainte Cécile m'amène tout naturellement à parler des dispositions merveilleuses d'Henri pour la musique : au degré où il les avait reçues, c'est une vocation qu'il faudrait dire, et en réfléchissant aux épreuves de sa vie, je me demande si le sacrifice généreux qu'il fit de cette vocation à des devoirs d'un ordre supérieur, ne fut pas pour beaucoup dans l'impression de tristesse que révélaient souvent ses regards et ses paroles, ou plutôt ses silences.

Son amour de la musique se manifesta presque dès son berceau, et il dut y avoir, dans les premiers balbutiements de sa voix, des intonations musicales. Longtemps avant ce qu'on appelle l'âge de raison, l'âge de la mélodie et de l'harmonie avait sonné pour lui, et de cet instinct avait fait une passion consciente et raisonnée. A sept ans, il improvisait déjà sur le piano avec un charme pénétrant : suivant le témoignage de sa mère, il ne cherchait pas ailleurs ses récréations d'enfant, ses plaisirs de jeunesse, et avant sa dixième année, il faisait, dans ses improvisations, de l'harmonie la plus pure, comme s'il en eût deviné les lois.

Un peu plus tard, vers dix ans, quand il fut présenté à Vervoitte, l'illustre maître de chapelle de Saint-Roch, il émerveilla ce savant musicien qui ne pouvait revenir de cette sorte de divination, et qui fit ses délices de l'initier à fond à la science du contrepoint. Sous la direction de cet éminent artiste, qui l'instruisit et cultiva ses dons naturels avec amour, l'enfant prodige fit des pas de géant dans l'art de la composition, pendant que Francis Planté le guidait avec un dévouement de frère aîné dans la voie d'une exécution parfaite.

Planté n'avait pas encore vingt ans, et déjà il comptait parmi les premiers pianistes de ce temps-là. Dans les trios de la salle Hertz, où il exécutait avec Allard et Franchomme, princes du violon et du violoncelle, les Chefs-d'Œuvres des Maîtres classiques, il les égalait par la perfection du mécanisme, la force et la tendresse de l'expression. — « C'est un lion, » me disait un soir, chez la princesse Marcelline Czartoriska, Litz, qui venait de jouer, de rugir avec lui, une de ses symphonies vertigineuses arrangées pour deux pianos.

C'était un agneau par la douceur et le charme, — pourrais-je dire, en poursuivant la métaphore, — quand il faisait chanter, pleurer ou sourire un andante de Mozart ou de Beethoven.

Dès ce temps-là, sa réputation était si répandue, qu'il reçut très exactement une lettre de Madame Rossini, portant pour toute adresse : M. Francis Planté, musicien célèbre, près la Bastille.

Avec de tels amis, de tels maîtres, Henri de Lassus, lui aussi, avait devancé le temps. A dix ans, il interprétait magistralement certaines œuvres où le sentiment de l'expression et la délicatesse du jeu sont les premières qualités, et voici ce qu'écrivait de lui Planté, son jeune professeur, dans une note que je citerai plus longuement tout à l'heure. « Je ne me souviens pas d'avoir entendu interpréter les romances sans paroles de Mendelssohn avec un sentiment plus intime et plus profond — du dedans, — comme disent les Allemands. Il avait fait, de quelques-unes des plus connues de ces romances, une adaptation charmante, en mettant, avec un goût exquis, à la fois de littérateur et de musicien, des paroles sur la musique, selon le vrai caractère propre à chacune d'elles. »

On voit d'après ce témoignage de Planté, très fin connaisseur dans les choses de l'esprit, causeur et épistolier charmant, que la précocité d'Henri de Lassus s'étendait de la musique à la littérature. Ou plutôt, c'était son intelligence tout entière, qui, dévorant le temps, n'avait pas attendu le nombre des années.

Le récit de la première visite d'Henri à Rossini, racontée dans la même note par Planté, qui l'y conduisit, est si court et si vivant que je veux le citer au lieu de le résumer. En partageant avec d'autres la responsabilité de mes éloges et de mon admiration pour le jeune ami dont je retrace l'image, je donne à mon témoignage une autorité dont ma partialité apparente a besoin. La maxime *Vae soli* : Malheur à qui est seul, est applicable ici comme partout. Un lecteur est un juge ; et s'il faut, en justice, plus d'un témoin pour condamner, il faut au tribunal de l'Histoire, plus d'un témoignage pour glorifier.

« Là, écrit Planté, où les facultés d'Henri étaient absolument exceptionnelles, c'était dans un don merveilleux d'improvisation. Il n'avait pas encore douze ans, quand désireux d'avoir l'avis d'une haute autorité musicale sur

la voie à lui conseiller, j'eus la pensée de le conduire à
Rossini. Le grand homme, dans son cabinet de la Chaussée
d'Antin, donnait, avec une complaisance inépuisable et
une souriante bonhommie, non dépourvue de malice, des
consultations musicales aux jeunes artistes, qui, de
différents côtés, venaient chercher un avis du Maître.

« Rossini avait deux manières de les recevoir, et j'en
fus souvent témoin. A ceux qui lui semblaient trop sûrs
d'eux-mêmes, et plus désireux de recevoir de lui la
consécration d'un éloge qu'un avis sincère et utile, il
avait des franchises mordantes, parfois cruelles, pour
leur répondre. Il me raconta lui-même avoir dit la veille,
un mot, devenu légendaire dans le monde artistique, à
un jeune auteur qui lui avait laissé, d'une façon assez
dégagée, deux symphonies pour lesquelles il attendait
son suffrage. Quand ce jeune homme revint quelques
jours après, lui demander le résultat de son examen,
Rossini répondit : « Elles sont longues, je n'ai eu le
« temps que d'en voir une. » — « Qu'en pensez-vous? »
reprit l'auteur. « Eh bien, c'est l'autre que je préfère. »

« Au contraire, pour les jeunes artistes qui lui paraissaient désireux d'un conseil sincère, il était sérieux,
paternel, et ne leur répondait point par des *blagues*,
comme il disait lui-même.

« J'étais sûr d'avance de l'accueil qu'il ferait à mon
jeune ami de Lassus, ne doutant pas de l'intérêt réel que
ne pouvaient manquer de lui inspirer des facultés aussi
précoces et remarquables. En effet, quand je lui condui-
sis mon cher élève, il comprit tout de suite le sérieux
de notre démarche, et me dit : « Je suis tout à vous
« deux du cœur et des oreilles. »

« Mes souvenirs de cette matinée, si intéressante pour Henri de Lassus, pour sa famille, et pour moi-même qui l'aimais tendrement, sont aussi vivaces que si je parlais d'hier. Je vois encore la physionomie d'abord bienveillante et souriante de Rossini, tandis qu'il écoutait une improvisation libre d'Henri, devenant plus sérieuse, profondément réfléchie, et reflétant les sentiments que cette audition lui inspirait. On voyait qu'il se trouvait en présence d'une nature absolument hors pair, par la distinction, l'élégance et le charme de ses idées. — « Mais c'est un jeune Mozart ! » — s'écria-t-il à la fin de l'improvisation, et il ajouta aussitôt, prouvant ainsi combien il avait été frappé de ce qu'il venait d'entendre : « Et maintenant, voyons si le jeune Mozart pourrait être « aussi un Bach, » — et ce disant, il esquissa lui-même de sa bonne grosse main sur son clavier, un sujet de fugue. — « Je le choisis dans les tons diésés ; c'est tou- « jours un peu plus gênant, » — ajouta-t-il avec son sourire redevenu un peu malicieux.

« La fugue se déroula limpide, lumineuse et correcte, sous les doigts du jeune improvisateur. Rossini visiblement étonné et charmé, me saisit la main avec effusion, en s'écriant : « Mais c'est aussi un petit Bach ! »

« Henri de Lassus, ajoute Planté pour achever son récit, habitait alors Melun avec ses parents, et il ne put revenir souvent chez Rossini, mais le Maître ne l'oubliait point, et à chacune de mes visites, il ne manquait pas de me demander, usant d'un de ces jeux de mots qu'il affectionnait : « Comment va notre jeune Phéno.... « maître ?... Est-ce Bach ou Mozart qui l'emporte chez « lui ? »

« Et en réponse à une question que je lui fis un jour sur
la voie ou carrière vers laquelle Henri de Lassus devait
se diriger, sans se prononcer sur une question aussi
délicate, il ajouta avec insistance : « Surtout, surtout,
« qu'il n'abandonne jamais la musique; ce serait un
« péché. »

Ce péché, suivant l'expression si italienne de Rossini,
le jeune émule de Mozart et de Bach ne le commit pas;
tout en continuant ses études classiques, il consacra à
la musique, soit comme exécution, soit comme théorie,
tous ses moments de liberté. Il jouait et improvisait avec
le même talent et le même goût, sur le piano, l'orgue ou
l'harmonium, mais sa préférence marquée était pour
l'orgue.

Il n'avait certainement pas à cette époque abandonné
l'idée de consacrer sa vie à cet art sublime, et je me
souviens parfaitement des visites qu'il fit à Gounod,
vers l'âge de seize ans, après son examen du baccalauréat, pour lui faire entendre ses essais de composition
et lui demander ses conseils, au besoin sa direction :
d'après mes souvenirs personnels, et ce que me raconta
Gounod lui-même, qui avait été ravi comme Rossini de
ses dons et de son talent, il sortit de cet entretien bien
ébranlé dans ses espérances.

Voici l'abrégé de ce que Gounod, connaissant sa
situation sociale, lui dit avec une pleine franchise. S'il
se donnait à la carrière musicale, il devait s'y donner
sans partage, et envisager les conséquences de cette
décision. C'était d'abord, en dehors du terrible inconnu
de la chance, avec laquelle le génie même doit compter,
une vie laborieuse, et de labeurs sans rétribution pen-

dant des années. Sa position de naissance et de famille lui fermait les voies ordinaires des artistes, leçons, concerts, emplois dans les orchestres des théâtres ou autres lieux, même comme organiste, autrement qu'en amateur.

D'autre part la fortune de ses parents, ébranlée depuis la Révolution, à la merci des événements politiques, ne lui permettait pas de compter indéfiniment sur des sacrifices que sa délicatesse eût d'ailleurs refusés.

Restait donc une seule voie ouverte devant lui, écrire pour le théâtre; voie douloureuse, semée de cailloux, hérissée d'épines, et qui, même pour les grands musiciens arrivés au succès, à l'illustration, est, suivant l'expression de Gounod, un véritable Calvaire: collaborateurs à trouver pour le *libretto*, lutte sans cesse renaissante avec les directeurs, les chanteurs, et les cantatrices; puis les cabales, la presse, les éditeurs! Pour une nature élevée, indépendante comme celle d'Henri de Lassus, quelle existence!... que de déboires, de dégoûts, et quelle dose d'amertume dans la coupe enviée de la gloire!...

On conçoit qu'à seize ans, il recula devant un tel avenir, et qu'il sortit de chez Gounod, touché de la bonté, de l'accueil charmant du grand Maître français, décidé à rester fidèle adorateur de la musique, mais pour consoler son existence, et non pour la remplir.

Néanmoins, il éprouva un sentiment profond de regret, en constatant que cet art, la première passion de sa vie, n'y pourrait tenir qu'une place secondaire, et que, par le désaccord de sa position sociale et de sa fortune, cette carrière, qui eut été celle de son choix, lui demeurait indéfiniment interdite.

CHAPITRE II

Je ne sais si les années qui suivirent ce que je viens de raconter jusqu'à la guerre Franco-Allemande furent lourdes ou légères pour Henri de Lassus. La culture des arts et des lettres y aidant, je croirais plutôt qu'elles eurent pour lui quelque douceur. Son examen de baccalauréat passé, et son rêve de consacrer sa vie à la musique écarté, il ne lui restait plus qu'à faire son droit, point de départ obligé de la plupart des carrières administratives ou libérales.

C'était le désir formel de son père, auquel il ne trouvait rien à redire. L'étude du droit devait d'ailleurs plaire à sa ferme et nette intelligence. Il quitta donc, non sans regret, Paris, où ne le retenait plus aucune obligation, et il alla rejoindre ses parents à Chambéry, troisième et dernière résidence préfectorale de son père.

De là, il suivait les cours de Droit de la Faculté de Grenoble, comme on les suit à peu près partout, de loin; il y passait ses examens, préparés sans répétiteurs, sans autre secours que l'étude des auteurs traditionnels, et je crois pouvoir dire, sans connaître le nombre précis de ses boules blanches, qu'il les enleva tous brillamment.

Pendant ses vacances, il allait se retremper dans l'air natal, à Saint-Geniès, parmi ses parents de Toulouse.

ses amis d'enfance et ses fleurs ; et comme les vacances des étudiants sont longues, il revint plus d'une fois prendre l'air de Paris, et se plonger avec délices dans la vieille atmosphère musicale de ses jeunes années.

Je l'y revis chaque fois avec bonheur, et je me souviens des journées charmantes, embaumées de littérature et de musique qu'il vécut sous mon toit, en mon pauvre vieux Château des Nouettes, plein des souvenirs harmonieux de Gounod et de Planté. Je crois même qu'il s'y rencontra avec ces deux chers et illustres amis. Heures bénies entre toutes, consacrées à l'amitié, à l'art le plus idéal et le plus pur, à des causeries que la parole imagée et théologique de Gounod, ancien séminariste de Saint-Sulpice, élevait en ses moments d'abandon jusqu'aux sphères de la plus haute philosophie.

Entendre, près de ma femme, et de mes enfants, entre Henri de Lassus et Planté, Gounod proférer ses belles thèses mystiques, et passer de là à l'interprétation sublime du « Don Juan » de Mozart ; quelle ineffable jouissance pour le cœur, pour l'esprit, pour l'âme tout entière !

Hélas ! les jours de terrible épreuve devaient succéder de bien près à ces brèves journées de Paradis, pour Henri de Lassus, comme pour tous.

L'année 1870, commencée sous de sombres auspices, semblait s'éclairer aux approches de son midi. Le plébiscite du mois de Juin, donnant à l'Empereur des pouvoirs décisifs, venait d'être voté à une écrasante majorité, quand tout à coup, au souffle de Bismark, une guerre, longuement préparée à Berlin, déplorablement imprévue à Paris, déchaîna sur la France toutes les horreurs de la défaite et de l'invasion.

Dès le premier coup de canon, l'âme d'Henri de Lassus, accessible à tous les grands sentiments, fut ébranlée jusque dans ses profondeurs, et l'amour de la patrie, sommeillant en son cœur, se réveilla tout à coup, avec une telle impétuosité, qu'il y fit taire pour un temps tous les autres amours.

Il était alors à Grenoble, au milieu des épreuves de son quatrième examen de Droit. C'est là que la nouvelle de la déclaration de guerre le trouva, et sans partager entièrement l'illusion presque universelle d'une prochaine moisson de gloire pour notre armée, il n'eut plus qu'une idée, s'engager pour prendre sa part des dangers ou des succès de cette guerre.

Dieu a permis qu'après l'invasion et la paix, il écrivît ses impressions et ses actes, à cette heure décisive dans sa vie, comme elle le fut dans la vie de la France. C'est à lui, à lui seul que je veux laisser la parole, en transcrivant, sans y changer un seul mot, son récit daté du 15 Juillet 1872, jour anniversaire de la déclaration de guerre, et des faits personnels qu'il raconte :

« Il y a deux ans, à cette heure-ci, — 15 Juillet 1870, — je revenais de Grenoble où j'étais allé prendre part à la composition écrite du quatrième examen de droit. J'y avais passé la nuit, à l'hôtel Mornet, dans une fiévreuse insomnie. La chaleur était étouffante. La chambre que j'occupais donnait sur la place, les chants de la Marseillaise et de « Mourir pour la Patrie » retentirent jusqu'au matin. J'entends encore ces voix avinées, les quolibets jetés au milieu des chants, et le bruit incessants des pas sur le pavé.

« La matinée fut consacrée à la composition. Je demeurai, pendant le reste de la journée, avec mes camarades de l'école, Dupasquier, Boyer, de Rigaud. La surexcitation était générale. J'affectais de ne la point partager, mais, en secret, j'étais profondément remué. Je sentais que j'allais probablement traverser une grande épreuve. Mon corps et mon esprit étaient épuisés par le travail, l'inquiétude et les fatigues d'une chaleur excessive.

« Je partis vers le soir et j'arrivai à Chambéry pour dîner. Je souhaitais que la guerre n'eût pas lieu. Je craignais de ne pouvoir entrer si tôt dans l'armée, et j'aurais voulu que ce suprême effort du Pays ne fût pas encore tenté.

« Quand je fus à la Préfecture, on me dit que le dîner était fini, et qu'il y avait du monde au salon. C'étaient M. et Mme de Gramont et le duc de Lesparre. Je monte dans ma chambre : Jean m'y apporte mon dîner. Des détails insignifiants sont peints dans ma mémoire avec une vivacité singulière. Jean me servit de la soupe au riz, un peu refroidie, sur la petite table en acajou clair.

« Au-dessous de ma fenêtre, sur la galerie, on prenait le café, et la conversation me parvenait en lambeaux. Il s'agissait de la guerre. Au bout de quelques moments, j'entends la voix de mon père qui arrive sur la galerie, et qui dit : « Voici la suite du discours. » — C'était le discours du duc de Gramont, que le télégraphe envoyait par fragments. Je quittai la table et je m'approchai de la fenêtre. Le duc de Lesparre fit tout haut la lecture du télégramme, et je n'en perdis rien. — C'était donc décidé !... c'était la guerre !...

« Je me tournai alors vers vous, ô mon Dieu, et pour

prix des souffrances que j'avais endurées, je vous
demandai, en ce jour-là, votre protection. Quelques
instants après, j'étais au salon. Je me rappelle l'accueil
cordial du duc de Lesparre que je n'avais pas vu
depuis Melun. Chacun était plein de la nouvelle;
du reste la confiance était grande. Les militaires par-
laient de leurs préparatifs. Pendant ce temps, je m'iso-
lais autant que cela m'était possible, je me promenais
sur la galerie, la poitrine oppressée, mais l'esprit
ferme. Je voyais approcher le moment décisif où j'allais adresser ma demande. Je le redoutais, et cependant
il me tardait qu'on fût parti.

« On se retire enfin, et nous montons dans nos
chambres. Je reste quelques minutes dans la mienne,
en priant; puis, je vais à celle de mon père; je l'y
trouve. Je lui dis que j'ai à lui parler, que je le prie de
venir en bas, pour qu'on ne puisse pas nous entendre.
J'ajoute : « J'ai une grâce à vous demander. » Sa physionomie change à ces paroles. Je crois qu'il s'imaginait
quelque scandale de jeunesse, ou quelque dette de jeu.

« Arrivés dans le salon, je demande la permission de
m'engager. Mon père, qui s'attendait à autre chose,
paraît d'abord soulagé d'un grand poids. Il s'étend sur
l'originalité de ma demande et sur celle de mon caractère. J'insiste, je lui découvre mes résolutions pour
Saint-Cyr. Je dis que, dans ma conviction, il s'agit du
sort de ma vie. Il commence à s'impatienter. Je tiens
bon, il se fâche. Je vois que tout est perdu, et je ne puis
m'empêcher de dire : « Si j'avais vingt ans, demain je
serais engagé. » Explosion de colère. Mon père rentre
dans sa chambre, moi dans la mienne. En montant l'es-

calier, il parlait encore très haut, et ma mère a dû
l'entendre.

« Demeuré seul, je réfléchis que, s'il me reste une
chance, c'est en employant la douceur ; que j'ai eu tort
de précipiter les choses, que j'aurais dû tout prendre en
patience, pour me réserver la faculté de recommencer
l'entretien. Je retourne chez mon père : ma mère était
dans sa chambre. Je le rencontre sur la porte : « Je
viens vous demander pardon de ce que je vous ai dit. »
Il me répond, très ému, et d'un ton affectueux : « J'al-
« lais chez toi. » Ma mère s'approche alors et cherche à
me consoler. J'essaie de parler, mais l'émotion me gagne ;
les mots s'arrêtent dans ma gorge ; je ne puis plus me
soutenir, je tombe en sanglotant sur une chaise... ma
vie a été brisée ce jour-là : 15 juillet 1872, au soir. »

Il est probable qu'au souvenir de ces souffrances, de ce
déchirement suprême, et en les rappelant, son émotion
l'empêcha d'achever son récit. Il dut en effet y avoir, à
ce moment-là même, entre ses parents et lui, une nouvelle scène, non pas de violence, mais de prières et de
larmes. Cela ressort clairement d'une lettre que sa
mère m'écrivit quand il n'était déjà plus, qui évoque en
quelques mots cette heure douloureuse de sa courte
existence. « ... Cet enfant, dit-elle, si vaillant, si pa-
triote, demandait *à genoux* à son père de lui permettre
de s'engager, de partir comme son frère aîné. Croyant
de leur devoir de résister, *ses parents* faisaient à ce
brave cœur une blessure qui ne s'est jamais cicatrisée. »
Ces larmes, ces supplications prolongées, on les
devine à travers la concision et la réserve voulues du

récit d'Henri de Lassus, mais on les voit couler dans les lignes déchirantes et vaillantes aussi de cette digne mère d'un tel fils. On y voit également que ce cri d'angoisse : « Ma vie a été brisée ce jour-là » n'était pas un sentiment passager, mais l'expression d'une douleur inconsolable. C'est une de ces croix qui marquèrent les phases les plus importantes de la vie d'Henri de Lassus.

Ce qu'il pleurait, le noble jeune homme, dans son impuissance à s'engager, c'était moins la carrière militaire que son dessein patriotique de se battre, de souffrir et de mourir, s'il le fallait, pour la France. C'était de voir sa mère qu'il vénérait autant qu'il la chérissait, différer d'opinion et de sentiment avec lui en cette grave circonstance. C'était enfin de voir son frère aîné, placé par la loi de ce temps-là dans un bataillon de mobiles, partir pour une campagne longue, sanglante, menaçante dans ses résultats, et de ne pouvoir partager son sacrifice et ses dangers. Le moment de la séparation fut cruel. Malgré son énergie, Henri épuisé par tant de luttes, ne put maîtriser son émotion, et c'est en pleurant à grandes larmes qu'il lui fit ses adieux.

Du reste, Henri ne se faisait pas d'illusion sur lui-même. Il savait que les motifs de l'opposition de ses parents à son engagement survivraient à la guerre, dont nul alors en France n'entrevoyait les résultats désastreux, et que, par des considérations de famille et de fortune que les événements pouvaient rendre et rendirent bientôt impérieuses, il lui fallait renoncer pour toujours à son rêve militaire. Si je ne me trompe, une fois la guerre terminée, quel qu'en fût le résultat, la perspective de la paix armée le tentait peu, et du moment que Saint-Cyr, au lieu de champs de bataille indéfiniment ajournés, ne lui offrait plus en perspective que la monotonie bruyante de la vie de garnison, le parti le plus sage à ses yeux était de se soumettre à la volonté paternelle. Il se décida donc à terminer son droit, pour faire ensuite son stage d'avocat, soit à Toulouse, soit ailleurs, suivant les circonstances.

Son incertitude ne fut pas longue. La chute de l'Empire suivit de quelques semaines la déclaration de guerre, et changea profondément la situation de sa famille. Le baron de Lassus, renonçant pour toujours à la carrière administrative, quitta Chambéry avec tous les siens, et se retira dans son château de Saint-Geniès, près de Toulouse. Henri les y suivit, mais avant leur départ à tous, la bonne Providence lui fournit l'occasion de manifester publiquement son courage de citoyen et son tempérament de soldat.

C'était après Sedan et la proclamation de la République. A Chambéry, comme ailleurs, la Révolution faisait chaque jour, de la cour de la Préfecture, le théâtre de scènes tumultueuses. Un matin, la populace plus nombreuse, plus excitée que jamais, assiège et envahit les abords du château, avec des intentions manifestes de violences. Un homme du peuple se détache d'un groupe, escalade quelques marches, arrache le drapeau flottant au-dessus de la porte d'entrée, et le foule aux pieds, parmi les applaudissements de ces furieux. Henri de Lassus, accouru au bruit de l'émeute, écarte l'homme, relève le drapeau, l'agite fièrement, et

le remet en place. Deux fois, l'attentat se renouvelle,
Deux fois, Henri lutte et triomphe. A la dernière,
s'abandonnant à son indignation, à son élan patriotique, il s'avance vers cette multitude égarée, et d'une
voix vibrante, comme celle d'un capitaine sur le champ
de bataille, il s'écrie : « On ne souille pas le drapeau de
la France. »

Après un moment de stupeur, une voix rompit le
silence : « Il a raison. » Et de toutes parts, le même cri
s'éléva : « Il a raison. » La bête humaine était domptée,
et honteuse d'elle-même, la foule se retira. Dans cet
adolescent, aux regards enflammés, au geste impérieux,
elle avait reconnu un homme. — *Si forte virum quem
aspexere silent.*

Quelques mois plus tard, en mars 1871, une occasion nouvelle se présenta pour Henri de montrer sa
tranquille intrépidité devant l'émeute et son amour tout
militaire du danger. C'était au lendemain même du
retour de son frère, revenu de sa longue campagne
sain et sauf, avec la promesse de la croix d'honneur
vaillamment gagnée.

L'immense joie de cette réunion complète de la famille
à Saint-Geniès n'était pas encore calmée, que le contre-
coup de l'établissement de la Commune à Paris faillit
tout remettre en question. Ce ne fut qu'un moment,
mais un moment cruel.

Henri avait accompagné son frère, impatient de revoir
ses parents et ses amis de Toulouse, et dès leur premier
pas dans la ville, ils apprirent que la Commune venait
d'y être proclamée tout comme à Paris. Les insurgés
occupaient le Capitole et la Préfecture, mais les conser-

vateurs s'étaient emparés de l'Arsenal : ils s'y armaient
tant bien que mal, pour réprimer l'insurrection et installer le préfet du gouvernement de Versailles : M. de
Kératry.

Les deux frères coururent à l'Arsenal, où l'armée de
l'ordre s'organisait à la hâte. On leur donna à chacun
un fusil de munition se chargeant par la gueule, quelques paquets de cartouches, et ils prirent place dans
une colonne qui marcha immédiatement sur le Capitole.

Je n'entre pas dans les détails de cet épisode, qui fit
peu de bruit, au moment où des événements plus
graves attiraient l'attention publique. Si j'en parle,
c'est parce qu'il s'en fallut de très peu, lorsque les deux
partis furent en présence, qu'un conflit sanglant n'écla-
tât; c'est plus encore à cause du calme et de la résolution qui se peignirent sur les traits d'Henri de Lassus,
et qui frappèrent tous ses compagnons d'armes.

« Il me demanda, ajoute son frère, de charger son
fusil, ce que je fis. Nous étions placés en dépit du sens
commun, complétement à découvert. Nos adversaires
occupaient des bâtiments tout voisins, et si l'action se
fût engagée, notre petite troupe eût couru les plus
grands périls. Je venais de voir, pendant plusieurs
mois, bien des gens en présence du danger. Je fus
frappé de la manière simple, souriante et décidée dont
mon frère l'affrontait pour la première fois. »

Bien que cette occasion de se battre lui ait échappé,
il ne faut pas croire qu'Henri n'endossa jamais l'uni-
forme militaire, objet de ses convoitises et de ses
larmes, et qu'il resta toujours étranger au maniement
du fusil. Sous l'empire de la loi qui régissait alors l'ar-

mée, il fut appelé, comme soldat de réserve, à prendre
part aux grandes manœuvres, si dures, mais si brillantes, des beaux jours de la Présidence du maréchal
Mac-Mahon. Il y apporta un entrain, une sorte de *furia
francese* remarqués de tous, et fit preuve d'une endu-
rance physique que lui-même ne se soupçonnait pas. Il
couchait à la belle étoile, dormait au clair de la lune,
comme à l'ombre des pluies torrentielles, compagnes
trop fidèles des grandes manœuvres. Cette vie de soldat
était pour lui pleine de charmes : il y voyait une image,
une sorte de compensation des épreuves de la guerre
qu'il n'avait pu affronter.

C'est à ces prises d'armes que se borna la carrière
militaire d'Henri de Lassus. Elles suffisent, ce me
semble, à faire comprendre ce dont il eût été capable
sur un champ de bataille, et son inconsolable regret
de n'avoir pu prendre part aux grands combats de la
France contre l'Allemagne.

J'ai retrouvé l'expression de cette douleur patriotique
dans un cahier de notes, de pensées, écrites par lui et
jetées sans ordre sur le papier. En 1871, peu de jours
avant l'armistice, il traçait ces lignes, à la fois amères
et résignées, où le fond de son cœur se révèle ou du
moins se devine :

« Le mépris de la mort est le fondement de la grandeur.

— C'est au sein de la bonté de Dieu que je veux
verser mes larmes, dans l'espérance que Celui qui m'a
tiré du néant m'enlèvera peut-être du milieu de mes
chagrins.

— De toutes les choses que j'ai aimées, je crois qu'il ne m'en reste qu'une, et dont je ne puis jouir toujours : c'est la solitude. »

Sentiments passagers, qui témoignent par leur excès même de la date récente de sa blessure.

Comme dernière citation de la même époque, 25 janvier 1871, étudiez ce portrait satirique où il est impossible de ne pas le reconnaître, d'abord par l'aveu plein de réticences des facultés extraordinaires qu'il avait reçues de Dieu, ensuite par le dernier trait où il pousse son mépris de lui-même jusqu'à l'oubli de la justice et de la vérité.

« J'ai connu un homme à l'imagination lente ; il composait parfois des vers ; le génie de l'harmonie l'avait, dans son enfance, effleuré, en passant, de son aile, et, bien qu'il ne l'ait pas revu depuis lors, il faisait souvent de la musique. Il n'avait pas assez de mémoire pour retenir les richesses de la langue, et il écrivait sans cesse. Quoique son esprit ne conçût pas avec promptitude, il était cependant orateur. Cet homme avait assez de courage pour bien mourir, et il a laissé passer l'occasion de se faire tuer pour son pays. »

Admirable humilité d'un grand cœur qui se méconnaît et finit par s'accuser lui-même, pour ne point paraître accuser ses parents qu'il vénère et les décrets de la divine Providence qu'il adore en pleurant.

CHAPITRE III

Le caractère indépendant d'Henri de Lassus, et son peu de goût pour le gouvernement de M. Thiers, malgré sa dangereuse modération, l'écartait de toute carrière administrative. Il acheva donc son droit à Toulouse, et y fit son stage d'avocat, de 1870 à 1873.

Son frère, en attendant une situation qui pût occuper honorablement sa vie, suivit son exemple dès son retour de l'armée en 1871, et ces deux années, en rapprochant leurs esprits et leurs cœurs vraiment fraternels, devinrent, par cette intimité de chaque jour, les plus consolantes de leur laborieuse jeunesse.

C'est aux notes du frère aîné d'Henri, Pierre de Lassus, devenu plus tard le gendre de Gounod, que j'emprunte la matière de ce chapitre de leur vie commune. Il ne consiste d'ailleurs qu'en deux ou trois anecdotes assez simples, mais caractéristiques.

Henri fit ses débuts, comme stagiaire, en cour d'assises, peu de temps avant le retour de son frère. Il défendait d'office un petit négociant, accusé d'avoir fabriqué des faux, pour éviter une faillite inévitable. L'accusé avouait tout. C'était au fond un brave homme qui n'avait pas compris la gravité de sa faute. Il fut acquitté, et son avocat obtint, de l'aveu général, un véritable succès d'audience.

Ce fut pour le jeune stagiaire lui-même, comme pour tout le monde, une révélation tout à fait inattendue. Après un si brillant début dans une carrière si nouvelle, il s'y serait fait une place d'élite, si les circonstances lui eussent permis d'y persévérer. Le témoignage de ses camarades, des avocats et des magistrats de ce temps-là est unanime sur ce point. Ses aptitudes à la parole publique étaient de premier ordre. Rien d'affecté, rien de banal, aucune rhétorique; son goût littéraire était trop pur pour qu'il tombât dans cet écueil. Quelque chose d'absolument personnel dans la manière d'aborder les sujets; une clarté lumineuse, une intelligence pénétrante, une émotion naturelle qu'il combattait visiblement, et qui perçait de temps à autre malgré lui, tout, en ce jeune débutant, captivait l'auditoire, jusqu'à une imperceptible lenteur d'élocution qui le défendait d'un débit précipité, et semblait ajouter à la force de l'expression toujours précise, souvent heureuse, dont il revêtait une pensée toujours réfléchie.

Des assistants racontèrent à son frère qu'au cours de cette première affaire, son client tout en larmes avait confessé devant la Cour, quelque tentative de suicide; le public avait accueilli la déclaration du pauvre homme par des huées. Henri s'était senti blessé de cette dureté de la foule. Une phrase de Musset, dans « Frédéric et Bernadette » lui revint alors à la mémoire : « On rit de celui qui veut mourir, et celui qui meurt est oublié. »

Sans citer son auteur, il sut introduire dans sa plaidoirie, avec ce ton personnel dont je viens de parler, une périphrase de la pensée de Musset, et dès cet instant, il n'y eut plus de rieurs dans l'auditoire.

Un autre jour et cette fois son frère y assistait, Henri défendait un individu, coupable du crime dont il était accusé, mais qui manifestement était fou. Comment ne s'en était-on pas aperçu dans l'instruction? C'est un problème comme il s'en présentait quelquefois sous le régime de l'instruction secrète. Quoi qu'il en soit, il était évident que le jury allait acquitter.

L'avocat général demandait la remise *sine die* de l'affaire et l'internement de l'homme dans une maison de santé. Plus tard, s'il guérissait, il repasserait en cour d'assises. Il est facile de comprendre combien les intérêts de la défense auraient été lésés par l'arrêt que le ministère public sollicitait de la Cour. L'homme guéri, la réalité de la folie, qui, à ce moment, était patente, pouvait devenir douteuse. L'accusation n'aurait pas manqué de l'affirmer, tout au moins de le laisser entendre, et il pouvait arriver qu'un coupable inconscient fût condamné, grâce à sa guérison, comme un criminel responsable.

Cette hypothèse, que beaucoup d'esprits envisageraient froidement, passionnait ce jour-là le public d'hommes de loi, de stagiaires, d'étudiants que la discussion d'une question de droit n'avait pas éloignés de la cour d'assises. L'avocat général était un homme d'un vrai talent. Il plaida habilement sa thèse qui se résumait à soutenir qu'on ne pouvait juger un fou; que dans l'intérêt même de l'accusé, il fallait, avant de statuer sur son sort, lui laisser la chance d'un retour de sa raison.

Ici, je laisse la parole à M. Pierre de Lassus, témoin de ce qu'il raconte :

« La nuit était venue, on avait apporté dans cette grande salle des assises quelques lampes et quelques flambeaux pour la Cour, le jury et le banc de la défense.

« Henri se leva dans cette demi-obscurité. Je crains, en retraçant cette scène, telle qu'elle m'apparut alors, de subir l'influence de mon imagination, qui était jeune à cette époque, comme moi-même. Mais je voyais, et je n'étais pas le seul, une certaine grandeur dans ce spectacle : ces magistrats, dont nous connaissions la haute conscience, ce jury de braves gens qui ne savaient trop que penser de cet accusé, qui, de temps en temps, lançait des interruptions bizarres, ce public légèrement fiévreux, cet avocat de vingt ans, qui paraissait plus jeune encore que son âge, et dont la parole respirait néanmoins l'autorité.

« Soit inspiration, soit calcul, je crois me souvenir qu'il ne prononça pas une seule fois le mot : « Messieurs » dans le cours de sa plaidoirie. Il semblait se parler à lui-même, déduisant, un à un, dans une langue sobre et ferme que colorait une pointe d'émotion, ses solides arguments de droit.

« Quand il arriva à la théorie de l'accusation, qu'un fou ne pouvait pas être jugé, sa voix s'éleva pour dire avec une chaleur contenue : « Oui, son cerveau s'est obscurci, oui, son cœur s'est éteint; mais voici mon cœur et mon cerveau que je mets à la place! » Il y eut un frémissement dans ce public de connaisseurs et une voix murmura : « Bravo! »

« L'arrêt fut conforme aux conclusions de la défense. Le jury fut appelé à juger, et il acquitta. Après le verdict, le plus âgé des conseillers fit appeler mon frère et le félicita d'avoir soutenu les vrais principes. »

Un autre épisode de sa carrière d'avocat mérite d'être rappelé.

Il était encore au stage quand un de ses jeunes confrères, stagiaire comme lui, mourut. Henri, déjà mis hors de pair par ses succès oratoires, fut désigné par le bâtonnier pour dire quelques mots sur la tombe de ce jeune homme, au nom de tous. Il se hâta de rédiger un petit discours de circonstance et le soumit au bâtonnier. Celui-ci était un brave professionnel, dépourvu d'éloquence, et par là même très porté aux excès de rhétorique. Henri ne pouvait s'empêcher de sourire en répétant plus tard les phrases dont le vieil avocat fleuri voulait enrichir son discours. Il tint bon, et dit seulement ce qu'il avait résolu de dire.

Son allocution, très simple dans sa touchante émotion, produisit une impression profonde. Elle se terminait par une citation latine, empruntée, je crois, à une lettre de Sénèque : *Quidquid amavimus manet.* Il sut développer, en peu de mots, mais d'une manière charmante, cette délicate pensée. Le défunt était un garçon aimable, qui ne comptait que des amis. Son père était là tout en larmes. La citation s'appliquait à merveille : « Tout ce que nous avons aimé demeure. » C'était bien cela, et dans cette pensée chrétienne du philosophe païen, on sent le souffle de l'Evangile que Sénèque avait dû lire.

Ceux qui ont connu Henri de Lassus, qui l'ont aimé, pleuré et le pleureront toujours, se sont souvent répété et se répéteront à eux-mêmes, en pensant à lui, cette parole tombée de ses lèvres de vingt ans, sur la tombe d'un jeune homme comme lui : *Quidquid amavimus manet*, celui que nous avons aimé demeure, vivant dans le ciel par son âme et par son souvenir dans nos cœurs.

En 1873, son stage étant achevé, le Conseil de l'Ordre lui décerna la première récompense des stagiaires, le prix Fourtanié, qui consiste en une médaille d'or. Il avait vingt-deux ans.

Cette fois, il semblait avoir rencontré sa voie. En peu d'années, il s'était fait à Toulouse, la ville la plus littéraire de France, la patrie des jeux floraux, une réputation d'avocat consciencieux et désintéressé, d'orateur sérieux et charmant. Il n'avait plus qu'à s'avancer, d'un pas ferme et tranquille, soit par le barreau à Paris, soit par la tribune, vers de brillantes destinées. Et par surcroît de bonheur, il retrouvait dans cet avenir, sous une autre forme, très noble, la musique, ses premières et plus chères amours. N'est-ce pas une musique parfois divine, que l'harmonie de la voix humaine, l'éloquence, traduction sublime du Verbe de Dieu, fait homme pour le salut des hommes? Et le problème de son avenir n'était-il pas enfin résolu?

Il aurait dû y croire, tout le monde y crut autour de lui, et pourtant, un an déjà avant la fin de son stage, la malchance, qui, à chaque halte, entravait sa marche en avant, ou plutôt, pour parler chrétien, la volonté de Dieu, lui avait dit à l'oreille, mais assez haut pour que son cœur l'entendît : « Tu n'iras pas jusqu'au bout de cette carrière. » Voici ce qui était arrivé.

Une légère fatigue du larynx, résultat naturel de

plaidoiries multipliées, où il mettait toute son âme et toute sa voix, s'était fait sentir après la seconde année de son stage, et l'avait décidé à partir pour Cauterets, d'où il pensait revenir reposé et fortifié.

Il se trouva très bien en effet de l'air des montagnes, de leurs eaux sulfureuses, de ses excursions à pied dans les sites environnants. Détestant les sociétés de rencontre, les connaissances nouvelles, les distractions vulgaires, qui, suivant l'humeur de chacun, sont le grand attrait ou le mortel ennui des villes d'eaux, il sortait presque toujours seul, et fuyait comme la peste les excursions, les cavalcades règlementaires, ce qu'on pourrait appeler les parties de montagne.

Un jour, il sortit par un temps splendide, pour une promenade de découverte, et son bâton ferré à la main, il s'engagea dans des sentiers inconnus. Il allait devant lui, tantôt admirant les jeux du soleil et de l'ombre, le soleil courant après l'ombre des nuages sur le flanc des collines ; tantôt, ressaisi par son amour d'enfance pour les fleurs, fouillant dans toutes les fentes de rocher, pour y découvrir quelque espèce nouvelle.

De rocher en rocher, de rêverie en rêverie, il se trouva près d'une colline, dont la pente assez raide s'étendait en tapis de verdure devant ses yeux charmés. Ivre de grand air et de solitude, il s'y aventura sans réflexion, avançant d'un pas léger et rapide sur ce manteau de velours, quand tout à coup il sentit sa course s'accélérer malgré lui, et s'aperçut avec effroi que cette prairie se transformait peu à peu en une énorme couche rocheuse, dont la mousse humide et glissante l'entraînait vers une crevasse très large et profonde. Au fond, roulait sur un lit de pierre un torrent aux trois quarts desséché.... Il eut à peine le temps de l'entrevoir, fit un effort violent pour se rejeter en arrière, en s'appuyant sur son bâton ferré ; mais il était trop tard, et il tomba d'une chute violente, accrochant au passage des arbustes épineux, des pointes de roches aiguës, jusqu'au fond de la crevasse qui s'élargissait presque en vallon.

Il ne perdit pas connaissance sur le coup ; l'eau du torrent avait sans doute amorti sa chute. Par un effort suprême, il put se traîner jusqu'à la berge, et s'évanouit.... Quand il revint à lui, il chercha à se mettre sur son séant, et y parvint non sans peine. Avait-il quelque lésion intérieure ? A défaut de la mort qu'il venait de voir de si près, était-il réservé à une longue et douloureuse infirmité ?

Le soleil commençait à descendre, les ombres à monter de la vallée vers le faîte des collines, quand il crut entendre un bruit de grelots qui se rapprochait insensiblement. C'étaient des vaches, des brebis qui redescendaient les pentes, suivies de leurs pasteurs. Il réunit ses forces, et jeta dans les airs un appel que répercuta faiblement l'écho des montagnes. Bientôt, il distingua trois ou quatre villageois qui accouraient de son côté : jamais la vue d'êtres humains ne parut plus aimable à cet amant de la solitude. C'était le secours attendu, la réponse de la Providence, le salut.

Ces braves gens se penchèrent sur lui, s'assurèrent qu'il n'avait rien de brisé, l'aidèrent à se mettre sur pieds, et le guidèrent jusqu'à une cabane voisine, où ils lui firent prendre quelque cordial. Ils voulaient l'accompagner jusqu'à Cauterets, dont on n'était pas loin, mais

par une force de volonté inouïe, par l'horreur de la mise
en scène et sa répugnance instinctive à attirer sur lui
l'attention, il tint absolument à rentrer seul, à pied,
espérant passer inaperçu. Sa pâleur, son expression de
souffrance, la lenteur de sa marche le trahirent, et les
baigneurs qui le connaissaient s'empressèrent autour de
lui. Il les rassura, les remercia d'un mot, et revint à son
hôtel, où il tomba sur un siège plus mort que vif. Il ne
put répondre, ni par une parole, ni par un geste, aux
exclamations des gens de l'hôtel et des baigneurs, les
uns s'apitoyant sur sa triste aventure, les autres bénis-
sant Dieu de son retour.

Les médecins appelés constatèrent qu'il avait deux
côtes brisées, et que, sans être mortel, son accident
était des plus graves. Il supporta les souffrances du
traitement, le long endolorissement de tout son corps,
avec un courage admirable et tranquille. Ne voulant pas
inquiéter sa famille, il lui cacha son aventure, écrivant
de temps en temps non sans effort, imaginant des pré-
textes pour prolonger son séjour dans les montagnes,
et n'avertit son frère que lorsqu'il se sentit en état de
bientôt partir. Il lui recommanda de ne parler de rien à
ses parents, et ce ne fut qu'à ses précautions pour
descendre de voiture en arrivant à Saint-Geniès, que sa
mère devina ce qu'il lui avait caché.

Grâce à la pureté de son sang, au fond vigoureux de
sa santé, et plus encore à sa force morale, il se remit
complètement et vite de cette terrible épreuve. Mais il
ne put reprendre que très imparfaitement la vie éprou-
vante du barreau durant l'année qui suivit. Il ne plaida
que de loin en loin, ayant à lutter contre des maux de

tête et une fatigue des yeux, qui l'attristaient en entravant son travail.

Il en était là, quand, vers la fin de 1874, une carrière nouvelle, inattendue, s'ouvrit devant lui; carrière laborieuse, mais de labeurs variés, où le mouvement des voyages alternerait avec le travail sédentaire du bureau, et qui lui offrait dès le début une situation indépendante au point de vue matériel, en même temps qu'honorable au point de vue du monde. Ce fut donc avec un regret tempéré par quelque espérance, qu'il abandonna au moins momentanément Saint-Geniès, pour une administration libre de toute attache politique, celle des chemins de fer en création dans l'ouest de l'Algérie [1].

Avant de le suivre sur ce nouveau théâtre, et de l'y voir déployer les ressources de sa rare et universelle intelligence, arrêtons-nous un instant en sa chère compagnie, comme un voyageur s'assied au tournant d'une route, pour contempler à l'aise un point de vue charmant qui va disparaître, ou quelque grandiose échappée du Ciel.

---

1. C'est au Comte Auguste d'Ayguesvives, son oncle maternel, qu'il dut cette carrière qui changea l'orientation de sa vie.

CHAPITRE IV

Dans ce qui précède, on a pu voir et suivre, sous la trame lumineuse ou sombre des événements, l'âme d'Henri de Lassus, toujours la même, malgré la diversité de ses impressions. Après les joies et les rêves de son adolescence, livrée aux plus pures, aux plus nobles aspirations, l'amour de la nature et de ses beautés, le culte passionné de la musique ; après ses émotions patriotiques au moment de la guerre, ses larmes brûlantes sur son impuissance à se battre et mourir pour la France, larmes de sang jaillies de la blessure inguérissable de son cœur, enfin, après les émotions et les succès de ses débuts oratoires, où son éloquence naturelle s'était révélée dans la défense des misérables, témoignant une fois de plus des hautes facultés de son esprit, des tendresses et de l'élévation de son âme, un arrêt semble se faire dans sa vie active, à peine commencée. Il n'a pas encore vingt-deux ans, et il se trouve pour la troisième fois, livré malgré lui aux incertitudes du présent et de l'avenir.

La carrière musicale, la carrière militaire lui ont fait successivement défaut, et voilà que la carrière oratoire paraît se fermer devant lui, par suite de l'accident qui a failli lui coûter la vie.

Sa santé générale, n'a gardé aucune trace, aucun

ressentiment de cette rude épreuve. Son corps est resté aussi souple et actif, son esprit aussi vif, sa pensée aussi nette et profonde. Mais l'application à un travail assidu, à des études ou des lectures prolongées, est entravée par de fréquents maux de tête, et surtout par la fatigue de ses yeux ; de là, pendant près de deux ans, la vie, en apparence désœuvrée, c'est-à-dire sans occupation précise et réglementée, qu'il mena, non sans douceur, mais non sans douleur, jouissant du repos de la campagne, des charmes de la famille, mais souffrant de son inaction forcée et de l'incertitude croissante de son avenir.

Je pensais, avec un profond regret, n'avoir rien à dire, faute de documents, sur cette période de son existence, quand, à l'heure même où je m'apprêtais à passer outre, un hasard providentiel fit jaillir à mes yeux du fond d'un vieux meuble, un paquet de lettres, dont l'écriture me fit tressaillir. C'étaient bien des lettres d'Henri de Lassus, que je croyais perdues depuis vingt ans, et qui s'offraient à moi, comme d'elles-mêmes, au moment décisif.

Je les ouvris avec émotion, et je reconnus qu'elles se rapportaient exactement, presque jour pour jour, à cette période de deux ans, sur laquelle j'étais sans renseignements.

En les relisant, son âme m'y apparut avec une intensité nouvelle sous tous ses aspects, dans toutes ses tristesses, ses beautés, la variété de ses dons, et, si l'amitié ne m'aveugle, les longues citations qu'on en va lire le feront plus et mieux connaître que mes souvenirs et mes affirmations. Je ne les transcrirai pas en entier, laissant de côté les passages moins intéressants ou trop intimes. Mais je n'y changerai rien, pas même l'ordre des dates. Je ne crains pas d'ailleurs qu'on m'accuse d'indiscrétion. La chance vraiment miraculeuse qui a fait revivre tout à coup, au jour, au moment précis, ces lettres, ensevelies depuis tant d'années, a levé tous mes scrupules. J'y crois voir des yeux de la foi et de l'amour, l'autorisation, l'assentiment même de l'ami disparu qui me les adressa jadis, et je l'entends me dire de sa voix transfigurée : « Ne craignez rien ; un oubli vous les avait reprises, je vous les rends, faites-en l'usage que vous inspirera votre cœur. »

La première de ces lettres est datée de Biarritz, le 3 octobre 1872. C'était environ trois mois après sa chute aux Pyrénées. Il était venu sans doute y prendre quelques bains de mer pour compléter son rétablissement. A son ton, l'on ne se douterait pas qu'il fût si près encore d'un si grave accident, ni que son esprit fut en « décadence. »

« Biarritz, 3 octobre 1872. »

« Cher Monsieur, ma dernière lettre s'est croisée avec la vôtre. Je vous remercie d'avoir trouvé le temps de m'écrire parmi vos occupations et vos préoccupations. J'ai continué à mener une vie assez agitée et très vide. Aujourd'hui, Biarritz est à peu près désert, mais le mauvais temps, qui nous avait épargnés jusqu'à présent, nous inonde. Je profite, quand je peux, des éclaircies qui me permettent d'aller admirer la mer grandiose et furieuse. Ma seule distraction a été de

composer hier soir trois sonnets pour la Dulcinée d'un
de mes amis, qui est amoureux comme Don Quichotte,
à la patrie duquel il appartient. Cela vous montre à quel
point je suis désœuvré ! Aussi, je commence à aspirer
au départ. C'est égal, je n'ai pas trop mal employé mon
temps ; car je persiste a penser que les bains de mer
sont le seul obstacle capable d'arrêter quelque peu la
décadence de mon esprit et de mes yeux. Si je perdais
cette conviction, je ne pourrais me consoler d'avoir
échangé la tranquillité de Saint-Geniès contre cette
agitation stérile qui attire tant de gens aux eaux et, chose
incroyable, les y retient souvent.

« Depuis que la plupart des personnes que je connaissais ont quitté Biarritz, je puis lire un peu dans la
journée. J'ai emporté de Toulouse les Evangiles avec les
Méditations que Bossuet a faites sur ce sujet sublime.
Pendant une ou deux heures, chaque jour, je bois à
petites gorgées les paraboles de Dieu, et les réflexions
de l'homme. Cela m'intéresse, m'émeut et m'afflige. Il
y a de la douleur au fond de toute méditation profonde ;
mais avec des guides pareils, il y a aussi de l'espérance
et de la consolation. — Si vous pouvez par un petit mot,
m'apprendre comment va P..., faites-le ; mais je ne
demande pas plus d'un petit mot. Je sais que vous êtes
plongé dans vos travaux de Conseiller d'Etat. Vous êtes
heureux d'avoir une vie remplie par le bien que vous
faites. Moi, je ne travaille que sur moi-même, et ce terrain ingrat rebute mes efforts. Envoyez un peu de bonne
semence à ce mauvais terrain.

« HENRI. »

4

Cette pensée : « il y a de la douleur au fond de toute méditation » mérite d'être relevée, comme caratéristique d'un de ses états d'âme. Elle équivaut à cette vérité que l'homme ne sait le tout de rien, que sa raison est bornée, et que, s'il veut se faire à lui-même sa morale et sa religion, il se perd dans l'abîme désolé du scepticisme et du néant. Henri, comme nous le verrons tout-à-l'heure, combattit et chassa cette tentation par la prière confiante et l'humilité.

La lettre suivante est datée de St-Geniès, 24 octobre :

« Je ne m'attendais pas à ce que la convalence de P... fut aussi longue que l'a été sa maladie, et cela me chagrine beaucoup. C'est le souci succédant à l'inquiétude, l'ennui à la douleur; mais il reste encore un pas à faire. Tâchez donc de le franchir vite, et d'atteindre, lui, la guérison définitive, et vous le repos complet de l'esprit. Je devrais dire du moins le repos du cœur, car pour l'esprit, je vois que le conseil d'Etat se charge de lui fournir une longue et absorbante besogne. Etes-vous entièrement employé aux petits détails des affaires administratives, et ne vous reste-t-il plus de temps pour les grandes questions sociales et politiques? Là, du moins, le travail ne manquerait pas d'un intérêt émouvant et triste. Je me représente les hommes politiques, qui touchent par quelque endroit à notre gouvernail, comme les médecins qui se tiennent au chevet du malade, et, la main sur son pouls, suivent attentivement le progrès d'une maladie mortelle. Seulement le malade est ici plus qu'un ami, plus qu'un parent.... Enfin, il est banal aujourd'hui de parler à ce sujet-là, et il semble

écrit que nous ne verrons autour de notre patrie morte
que les visages indifférents, affectés, ou même joyeux
qui accompagnent les enterrements ordinaires.

« Nous sommes tous réunis à Saint-Geniès depuis
une dizaine de jours. Je mène la vie d'un désœuvré,
mais je ne puis dire que j'ai la tête légère. Elle est bien
lourde et bien pesante, toute vide qu'elle est, cette pauvre tête, et me fait souffrir un peu plus que de coutume.
J'ouvre souvent mon piano, et de temps en temps un
livre. L'autre jour, je me suis un peu réchauffé à la
flamme du Père Lacordaire. C'était son discours de
réception à l'Académie Française, qui m'était tombé
sous la main. Le sujet de l'éloge est Tocqueville, et la
liberté qu'il a si dignement servie. On sent, à l'accent
de la voix du Père Lacordaire, que son cœur palpite, et
c'est par là qu'il est attachant. Je trouve seulement qu'il
n'est point assez maître de son imagination, une des
plus brillantes et des plus impétueuses en ce siècle
emporté. En lisant quelques instants après la réponse
de M. Guizot, j'osais penser que le protestant était plus
proche parent de Bossuet que l'orateur catholique. Mon
admiration pour M. Guizot est très près de se tourner
en enthousiasme : qu'en dites vous ? Adieu, je vous écri-
rai désormais sans trop compter sur vos réponses. Si je
deviens bavard, vous m'interromprez. Mille amitiés.

« HENRI. »

Après ces rapides aperçus, jetés sur le papier au courant de la plume, qui donnent une idée de ses tristesses
patriotiques et de ses goûts littéraires, j'arrive à l'un

des épanchements les plus intimes et les plus émouvants
de cette grande âme, que je transcris sans hésitation,
mais non sans une profonde émotion. J'ai conscience
que je remplis ainsi un devoir de justice envers lui, un
devoir d'édification et d'apostolat vis-à-vis de ses proches et de ses amis, connus ou inconnus, dignes de la
comprendre et de l'admirer. Je ferai suivre sa lettre
d'observations et d'éclaircissements nécessaires sur
l'état de son âme au moment où il l'écrivit.

« Saint-Geniès, 19 Novembre 72. »

« Cher Monsieur, votre aimable exactitude parmi tant
d'occupations, me fait honte. Il faut peu de chose pour
remplir et épuiser ma cervelle, et une petite affaire à
plaider, une petite allocution à prononcer, voilà les
graves travaux qui m'ont éloigné, pendant une semaine,
de ce qui me tient le plus au cœur. Cette impuissance,
j'en rabâche, je le sens, car je ne puis encore m'y résigner. Je suis devenu infirme d'esprit, sans devenir
simple d'esprit : triste état pour l'intelligence et pour
l'âme. J'espère que Dieu achèvera son œuvre, et qu'a-
près m'avoir enlevé les moyens de travailler, il m'en
ôtera l'envie.

« Vous me demandez si je prie. Oui, quelquefois avec
ferveur, et le plus souvent mal. Si vous saviez comme
je suis las ! Ce chaos d'idées contradictoires et de sentiments douloureux, qui s'est fait de si bonne heure dans
mon âme, en a énervé la force et presque brisé les ressorts. Je trouve souvent que la plus grande jouissance
est de ne plus penser, et je désire, par dessus tout, le

repos. Si je ne manque pas de courage, et poursuis jusqu'au bout ma carrière, ce sera sans doute l'effet de la grâce qui m'arrive par la voie d'un ami tel que vous. Je suis entré dans la vie trop librement, et trop vite ; je lui ai demandé trop de choses et trop ardemment. Avec la prétention de devenir philosophe, j'ai méconnu les conditions nécessaires à la paix de l'âme, et je n'ai point satisfait à toutes les exigences du devoir. Sur de pareilles ruines, je crains que rien de solide ne se puisse établir. Je pleurerai seulement sur elles, et si je ne puis devenir plus croyant, je deviendrai du moins humble ; peut-être Dieu se contentera-t-il de cela !

« Mon cher Monsieur, je vous découvre le fond sombre et monotone de mon âme. Puissiez-vous, en le considérant, ne point penser ce que je pense moi-même : que des commotions si vulgaires, et si vulgairement supportées, ne me méritaient ni votre attention, ni votre amitié. — Je ne rentrerai décidément à Toulouse que dans deux ou trois semaines. Je cède à l'attrait qui me retient à la campagne, et dans ce moment-ci, le mauvais temps me défend même d'en bouger. Je vous disais que j'avais un peu travaillé ces derniers jours. Si je puis maintenant conserver quelque liberté pendant ce court intervalle, je veux la consacrer à la musique, à la lecture et à l'exercice extérieur. Je me sens assez de goût pour les travaux et la vie de la campagne, d'intérêt pour les champs, le jardin, la maison.

« Je me laisse aller à cette inclination, et quelquefois même, je m'y pousse par calcul. Je voudrais me déprendre de toutes les ambitions, pour prendre fortement à cette existence modeste. Pour lutter dignement dans l'arène des événements et des passions du monde, il faut plus de force et de courage qu'il ne m'en reste. Les hautes vocations qui m'avaient séduit ne m'appellent plus avec les mêmes voix irrésistibles. Je serais heureux de mener une vie tranquille, tournant mon esprit vers les occupations simples, et mon cœur vers Dieu. Mais je sais que nos sentiments changent…. J'ai donc tort de parler ainsi sur des impressions fugitives. Pardonnez-moi et aimez-moi.

« HENRI. »

Pour bien comprendre et juger cette lettre, il faut se rappeler dans quel état d'esprit et de santé il l'écrivit. C'était peu de mois après son accident, alors que, luttant contre un grand ébranlement physique, il cherchait à renouer le lien, presque brisé, qui le rattachait au barreau et à ses espérances oratoires. Quand on la relit en soulevant ce double voile de tristesse qui planait alors sur tout son être, on est frappé de ce qu'elle renferme de force dans son apparente faiblesse, de profondeur de sentiment, de sincère et virile humilité.

Ce jeune homme, qui portait si haut le sentiment de l'honneur et du patriotisme, et gardait malgré tout la conscience de ses dons exceptionnels, se jugeait en même temps avec une sévérité sans mesure. Ce n'était pas seulement un modeste, c'était un humble dans toute la force du terme, et quand on le voit, à l'occasion de ses troubles d'esprit, des orages de son âme, religieuse jusque dans ses dernières fibres, se traiter presque en révolté, il faut se souvenir qu'après la guerre, où il eût voulu s'engager à tout prix, il s'accusa « de n'avoir pas su se faire tuer pour son pays. » — Voilà comment il écrivait l'histoire, quand il s'agissait de lui-même.

J'ai été le témoin, le confident de ses douleurs, de ses combats contre les tentations de doute, qui occupèrent dans son âme la place des tentations grossières, si communes aux jeunes gens. Ces dernières, il ne voulut pas les connaître, et les écarta toujours d'un regard méprisant. Mais il connut ces angoisses des âmes d'élite, alors qu'elles sentent leur foi qui se voile, et par les ombres dont elle s'enveloppe, les plonge dans une sorte d'agonie.

De toutes les croix dont fut semée la vie d'Henri de Lassus, celle-là fut la plus douloureuse, la plus tenace, et si je n'en parlais pas, son histoire ne serait ni sincère ni complète. Je la regarde d'ailleurs comme une de ses gloires, car s'il en triompha, ce fut, après la grâce de Dieu, par l'énergie de sa volonté, appuyée sur une prière continuelle, et sur la plus admirable humilité. Exemple mémorable que j'offre à la méditation des âmes qui seraient tentées comme la sienne.

Quelques mois avant qu'il m'écrivit cette lettre, j'avais eu l'occasion de me rencontrer avec lui, chez des parents communs, aux environs de Toulouse, et d'y passer une semaine en son intimité. Jamais je ne le vis plus près de Dieu que dans ces moments où il se mourait de son absence. Ce révolté, comme il s'appelait, était simplement un abandonné, de cet abandon crucifiant et sanctifiant de Jésus au Jardin des Oliviers et sur le Calvaire, répétant avec lui et du même accent : « Mon Dieu, pourquoi m'avez-vous abandonné? »

Rien ne montre mieux la grandeur, la nécessité,

j'oserais dire l'humanité de la foi, que de la voir ainsi pleurée, ainsi désirée, poursuivie, et finalement reconquise. Car je puis le dire, pour Henri, ces luttes intérieures s'achevaient toujours en prière, en soumission à la volonté de Dieu. C'était le plus souvent, le soir, dans sa chambre, seul avec ses pensées, qu'il entrait en agonie spirituelle, comme le Divin Maître dans la grotte de Gethsémani. Avec quelle éloquence il me racontait ses luttes, puis son *fiat voluntas*, précurseur de l'apaisement de son âme, et suivi d'un sommeil réparateur! J'ignore quelle fut exactement la durée de cette épreuve, qui se prolongea avec des alternatives de souffrances et de consolations, et qui fut pour beaucoup dans l'ébranlement de sa santé. Je sais qu'elle touchait à sa fin, à l'époque de sa vie que je raconte. Ce que je sais aussi, ou du moins ce que j'ose affirmer, c'est que, pendant la durée de la crise, il ne fit rien qui ne lui parût conforme à son devoir, tel qu'il le comprenait, conforme à la Volonté Divine sur lui. J'en ai pour garantie sa parfaite loyauté envers Dieu comme envers les hommes, son esprit de prière et son humilité.

Il ne faut point s'étonner, encore moins se scandaliser, d'une telle épreuve imposée à une telle âme. La croix est comme la marque de Dieu sur ses plus fidèles serviteurs. Ces déchirements que, dans son mépris de lui-même, il appelle des commotions vulgaires et vulgairement supportées, des Saints les ont éprouvées, en ont souffert comme lui. On connaît le martyre de saint François de Sales, qui, étudiant à l'Université de Paris, fut poursuivi, écrasé, conduit jusqu'à la porte du tombeau, par une tentation de désespoir si violente, qu'il se croyait, se sentait invinciblement prédestiné à la damnation éternelle. Il fallut l'intervention miraculeuse de la Sainte Vierge, vénérée sous le vocable de Notre-Dame de la Délivrance, pour ramener l'espérance dans son âme et la vie dans son corps épuisé.

Saint Vincent de Paul, lui aussi, connut l'horrible épreuve des tentations contre la foi. Par un acte de sublime dévouement, il s'était offert en victime pour délivrer de ce supplice un pauvre prêtre sur le point d'y succomber. La tentation passa subitement de cet infortuné à Vincent de Paul, qui, pendant de longs mois, souffrit toutes les angoisses du doute, et n'en fut délivré que par le vœu de consacrer sa vie entière au service des pauvres.

C'est de ce martyre héroïque que sortit le Fondateur de tant d'œuvres immortelles, le grand Apôtre de la Charité.

Avant de quitter la lettre d'Henri de Lassus, objet de ces réflexions, je dois ajouter un mot sur l'analyse profonde et saisissante qu'il y fait de son esprit et des causes de ce qu'il appelle à tort son impuissance. Il y a certes du vrai dans les causes de la fatigue cérébrale dont il se plaint, dans le douloureux encombrement de ses études précoces, de ses aptitudes si diverses, de ces grandes vocations dont les voix irrésistibles l'attiraient dans des espérances et des entreprises sans succès. Néanmoins, en cela comme en tout, il s'accuse, se condamne à tort, et ce n'est certes ni par impuissance d'esprit, ni par incertitude ou défaillance de volonté, qu'il dut renoncer à ses trois maîtresses passions, à ses trois hautes aptitudes : la musique, l'armée, la parole. C'est de plus haut, de plus grand que lui, de Dieu même, que l'obstacle est venu. Je l'ai assez dit et prouvé, pour que j'aie à le redire.

Les lettres qui suivent, et dont je vais citer de larges fragments, puisque cet écrit est surtout le portrait d'une âme, sont plus apaisées. On y sent le retour des forces physiques et des rayons consolateurs de la foi sortant de ses nuages, et le pénétrant tout entier. La musique reprend une plus grande place dans sa vie, et le pressentiment d'une carrière prochaine et cette fois définitive, s'y manifeste par des paroles où vibre et se prépare l'action.

« 1ᵉʳ Janvier 1873. »

« Cher Monsieur, comment commencez-vous l'année ? Vous, et les vôtres, allez bien, je l'espère, mais je ne le sais pas directement, et c'est la punition de ma paresse… Je me trouve bien sot de ne vous avoir pas écrit depuis si longtemps. Je plie sous le fardeau des occupations sérieuses et des obligations sociales. Je plie et ne romps pas ; mais j'enrage. Je pense avec plaisir qu'en ce moment du moins, vous jouissez en famille de quelques heures tranquilles, consacrées aux personnes et aux choses que vous aimez. Je me mets sans façon du nombre, et je compte que vous m'aurez laissé une petite place dans votre cœur et dans vos prières, quand, au terme de l'année, vous aurez élevé vers Dieu votre âme éclairée par le passé et anxieuse de l'avenir. Mon cœur et mes prières ne valent pas les vôtres. Tels qu'ils sont, je vous les offre, et s'ils sont de quelque prix, je vous les donne. Tristes étrennes ! Mais je n'en ai pas d'autres à vous faire, et il faut vous contenter de celles-là.

« Parlez de moi autour de vous. S'il s'y rencontre quelque joie, dites-le-moi pour que je m'en réjouisse ; s'il s'y trouve quelque tristesse, j'en veux ma part. Distribuez aux vôtres les tendresses d'un homme en qui ce qu'il y a de meilleur est l'amitié qu'il ressent pour vous. Amitié à l'épreuve de la fortune et du calendrier ; j'aime à le dire souvent, parce que je sens que je le penserai toujours. Je vous embrasse.

« H.... »

Quelle grâce de bonté, d'esprit et d'expression dans cette harmonieuse simplicité ! Le style de ce musicien exquis n'est-il pas lui-même une musique ?

Je poursuis mes citations :

« Toulouse, 7 Mai 73. »

« Si je vous demande pardon en quatre pages, vous me pardonnerez sans doute ; si je vous demande pardon en deux lignes, vous me pardonnerez aussi. Je prends ce dernier parti ; et je compte sur votre bonté pour deviner et agréer mes excuses.... J'ai passé beaucoup de temps à la campagne ; décidément la ville m'excède, et les occupations que je m'y suis données me tuent. Je traînerai encore ce boulet, tant bien que mal, jusqu'au mois d'Août. J'aviserai alors, tout juste assez tôt, j'espère, pour ne devenir ni aveugle, ni idiot. En attendant je m'échappe le plus souvent que je puis, je vais à Saint-Geniès ; je n'ai jamais assez de verdure, ni de repos. J'ai fait aussi un peu de musique, bien peu, bien timidement ; mais il est toujours doux de boire à cette source, ne fût-ce qu'une goutte d'eau.

« C'est à vous maintenant à me parler de tous les vôtres. Les santés, les occupations, les examens, il y a longtemps par ma faute que j'ignore sur tout cela ce que je tiens tant à savoir. Un chapitre spécial sur l'Académie, s'il vous plaît. J'ai toujours eu un faible pour les questions littéraires ; qu'est-ce donc quand l'amitié s'y vient mêler ? A propos, que je vous fasse mon compliment sur l'élection de Barodet ; vous avez lieu d'en être doublement fier comme Parisien et comme Français. Avez-vous assez de forces pour rire un peu de cette comédie ? On dit que cette leçon restera inutile, et pour moi, je n'en doute pas. Il y a longtemps que nous avons fait nos preuves d'incurable imprévoyance.

« J'ai eu, le mois dernier, le grand plaisir de revoir mon ami et mon maître, M. Vervoitte, et de revoir à travers lui tout un petit monde de joies naïves et d'espérances passablement présomptueuses, qui ont composé la première, et sans doute, la meilleure part de ma vie. Vous savez, mon cher poëte, avec quelle avarice passionnée on recueille ces reflets du passé ! Adieu, pensez à me pardonner et à me répondre, car ce serait un trop dur châtiment si vous alliez m'imiter.

« H.... »

« Cauterets, 8 Juillet 73. »

« J'ai reçu votre lettre peu de jours avant de quitter Toulouse, et j'ai repris la route de Cauterets. Le temps, qui ne suffit pas à votre travail, échappe à mon oisiveté.

Je ne sais où le saisir, où me saisir moi-même, et les
mois s'écoulent sans que j'achève les desseins qui me
tiennent le plus au cœur. Ma mère m'a appris que vous
étiez de retour de votre pèlerinage. Je connais trop vos
sentiments pour douter de la joie que vous aura causée
cette manifestation catholique de Paray-le-Monial. Puisse
cette recrudescence de la dévotion publique couvrir un
réel et sincère mouvement de repentir et d'espérance
chez les âmes chrétiennes ! Je ne demande alors qu'à
admirer, en espérant aussi. Je vois par contre, que votre
élection à l'Académie ne se passera pas dans les régions
angéliques, et qu'elle devra triompher de plus d'une
intrigue. Les écueils feront-ils sombrer la barque qui
porte Sainte Cécile ?...

« Me voici de nouveau installé à Cauterets dans la
même chambre que l'année dernière, y retrouvant
quelques-unes des impressions d'angoisses que j'y ai
ressenties, à la suite de mon accident dans la montagne.
En y entrant hier, je ne pouvais pas m'empêcher de
penser que j'ai failli ne pas en sortir ; faut-il m'en féli-
citer ou m'en plaindre ? Je ne sais, mais je m'en réjouis
quand je serre la main de ceux que j'aime, ou quand je
leur écris. C'est en ce moment le cas, et je ne saurais
regretter de vivre, lorsque je pense à votre amitié.

« H.... »

« 28 Novembre 73. »

« Que la politique nous donne de perspectives peu
rassurantes ! Comme vous, j'ai été préoccupé, ému vive-

ment, puis douloureusement impressionné. Je partage tous les sentiments que vous ont inspirés des projets de restauration monarchique, et la lettre du Comte de Chambord qui les a fait échouer. Il est vrai qu'après cette défaite, les conservateurs viennent de remporter une victoire. Mais sauront-ils, pourront-ils même en profiter ? Toute ma crainte est qu'en définitive, le parti de la République n'y puise des forces nouvelles, et qu'ainsi tous ces efforts vers la stabilité n'aboutissent finalement qu'à l'anarchie. Du reste je suis l'homme le plus mal informé du monde. Je vis à Saint-Geniès et n'apprends rien que par deux journaux fort peu dignes de foi. Je me console en pensant qu'il est inutile à la société que j'en sache davantage, et qu'il m'est très utile de m'en préoccuper le moins possible.

« Ce moins possible, vous le comprenez, est loin de ressembler à l'indifférence. Mais enfin je me suis fait jardinier : cette situation sociale fait mes délices. Le temps qu'elle me laisse libre est employé à la musique, au piano surtout, et un peu à l'harmonie. Je fais du contrepoint avec un professeur au Conservatoire de Toulouse, qui demeure à la campagne entre la ville et nous. Petit à petit, je me débarrasse des fardeaux qui restent encore sur mes épaules, je romps les liens du barreau et du monde. Et je jouis du repos avec un tel sentiment de délivrance et de bonheur, que j'imagine retrouver en ce moment le meilleur temps de ma vie. Je tremble qu'il ne finisse trop tôt : quelle que soit sa durée, j'en remercie Dieu.

« Les agitations que j'ai presque continuellement ressenties depuis mon enfance, me valent du moins d'apprécier le charme de la campagne et de la tranquillité. Vous le connaissez aussi, mais vous pouvez vivre dans le tourbillon, puisque vous êtes assez fort pour y rester debout. Donnez-moi des nouvelles de ce tourbillon, et dites-moi ce que vous y faites. J'en sors à peine, et vous voyez comme je m'en félicite. Cependant, avec quel plaisir j'y rentrerais pour vous serrer la main ! Je vous embrasse.

« H.... »

De la lettre suivante, datée du 25 Décembre 73, je ne puis passer sous silence la dernière page, si pleine d'espérance et d'humilité chrétienne. On y sent le voisinage du berceau de Bethléem.

« Vous me demandez encore si je prie. Oui, je prie, non pas constamment comme il faudrait, ni autant que je devrais, mais assez cependant pour ressentir souvent les bienfaits de la prière et la douceur qu'il y a à espérer. A vrai dire, c'est du temps et des chagrins que j'espère le plus. Ce sont les véritables auxiliaires de la foi, et la raison ne se rend qu'après qu'ils ont déjà remporté la victoire. J'attends tout de l'humilité, dont je m'efforce d'approcher davantage et que je voudrais chaque jour mieux comprendre, car elle m'apparaît comme la clé de voûte de l'édifice chrétien. Je me suis retiré un instant dans ma chambre, pour vous écrire ce mot. Je vais reprendre une conversation et une vie bien éloignées de ces graves préoccupations. Mais je laisse dans ce petit morceau de papier ce qu'il y a de meilleur dans mon âme, et de plus profond dans mes amitiés. Je vous embrasse.

« H.... »

Ici s'ouvre, comme une heureuse parenthèse dans cette correspondance intime, l'épisode musical d'une visite de Francis Planté. Henri le raconte avec un accent rajeuni, où l'enthousiasme de l'artiste se mêle à la joie de l'ami.

« Saint-Geniès, 11 Mars 74. »

« Le passage de Planté à Toulouse a été, vous le comprenez, une grande et agréable diversion à ma retraite de Saint-Geniès. J'ai été comme autrefois enthousiasmé de son talent, ému et charmé des témoignages de son amitié. J'ai vu dans son cœur ce que j'espérais y retrouver : des souvenirs, de la tendresse, de la générosité. Il est passé presque en courant, venant de Bordeaux, allant à Montpellier, et ne devant s'arrêter qu'au bout de deux semaines remplies de haltes et de concerts dans les principales villes du midi; ne comptant pas avec la fatigue, et en supportant vaillamment le poids, mais un peu énervé et maigri.

« Je l'ai reçu à la gare le 23 Février vers deux heures. De là, après avoir congédié les voitures et les offres de service des importuns, nous nous sommes dirigés à pied vers l'hôtel Capoul, tenu par le frère et choisi en souvenir du ténor Toulousain. Nous nous installons dans une petite chambre où personne n'est reçu, sauf un piano, qui mêle bientôt sa conversation à la nôtre. À cinq heures, l'humble piano droit est délaissé pour le grand piano d'Erard, qui vient d'être placé dans la salle de concert. Planté m'y joue, *sotto voce*, de peur de déranger l'accord, tous les morceaux qui composent le programme. C'est le moment de dîner. Il ne veut pas

abandonner Sivori et Fischer, qui l'accompagnent dans
sa tournée, et je le laisse à la table d'hôte pour le retrouver deux heures plus tard devant un public assez intelligent, et bientôt électrisé.

« Le succès a été grand, aussi grand que possible, si
l'on réfléchit surtout combien la province est étrangère
au mouvement artistique parisien, et ignorante des
jeunes réputations qui y sont déjà consacrées. La dernière note à peine entendue, je reprends pour moi seul
l'ami que je venais de partager un instant avec le public.
Je le quitte fort tard, pour le revoir le lendemain matin
de bonne heure. Le temps passe vite, et il faut bientôt
s'acheminer vers la gare. C'est un songe de vingt-quatre
heures qui s'évanouit, un songe fait de souvenirs de
jeunesse, d'admiration et d'amitié.

« Vous voyez par ce récit combien j'ai eu lieu d'être
satisfait du musicien et de l'homme. Nous avons parlé
de vous, de votre affection. J'ai retrouvé ses souvenirs
de notre intimité d'autrefois, aussi vifs, aussi présents
qu'ils étaient restés chez moi. Ç'a été une joie que j'ai
remportée avidement dans ma vieille maison de Saint-
Geniès, où j'ai plus de loisir pour songer aux choses et
aux gens que j'aime, qu'au milieu du monde qui ne
comprend et ne souffre guère qu'on ne soit pas occupé
exclusivement de lui.

« Vous semblez craindre que je m'attache trop à cette
solitude et que mon horizon se borne à mon jardin.
Pourquoi donc? Vienne le devoir, qu'il se présente
clairement, et je ne ferai nulle difficulté de quitter mon
jardin pour aller le remplir. Mais, en attendant, je
l'avoue, je jouis d'être éloigné du monde, de n'être point

le témoin obligé des intérêts égoïstes et des mesquines capitulations de conscience qui y font tant de bruit; avec ma part de chagrin sans doute, mais aussi avec la liberté de mes pensées et de mes affections. Je vois bien qu'il faut que je me résigne à n'être jamais qu'un original. Pardonnez à cet original qui vous aime.

« H.... »

Après cette échappée musicale, qui laisse entrevoir les trésors de vie, de sentiment, de jeunesse, cachés au fond de ce philosophe de vingt-trois ans, il revient, dans les deux dernières lettres reçues de lui avant son départ pour l'Algérie, à ses alternatives de mélancolie et d'espérance, mais avec la prédominance, chaque jour plus marquée, de l'espérance sur le découragement.

« Saint-Geniès, 19 Août 74. »

« J'ai le projet d'aller à Biarritz au commencement de septembre. En rapporterai-je de meilleurs yeux? Je vous avoue que je fais chaque année ce voyage avec moins de confiance. Car, chaque année, j'ai cru, après quelques bains, avoir obtenu une grande amélioration qui s'est presque toujours dissipée dans la suite, ou qui du moins, s'est réduite à si peu de chose que cela me décourage presque autant que le statu quo. A marcher si lentement, la vie entière suffirait à peine pour atteindre le but, et ce serait un mince succès que de commencer à pouvoir travailler sur le bord de la tombe. Je ne veux point, cependant, vous paraître trop pessimiste; j'ai mes moments d'espérance aussi, et pendant ces deux

derniers mois, j'ai étudié la musique avec plus de suite
que je n'aurais pu le faire trois ans plus tôt.

« Seulement, cette courte étude avait réveillé en moi
le désir de pousser plus loin le travail, de faire fructifier
par mes efforts, si cela était possible, ce que Dieu peut
m'avoir donné de facilité. C'a été de nouveau pour moi
un sujet de préoccupation sérieuse. Et au moment où je
reconnais que mes espérances sont prématurées, je ne
puis me défendre d'un peu de tristesse. Voilà tout.
Puisse Dieu me donner un peu de ce qu'il me faudra de
lumière et de courage pour choisir définitivement ma
route et y marcher d'un pied ferme ! C'est, pour l'accomplissement de la destinée terrestre, le seul don que je
regarde comme nécessaire, et votre amitié comme vos
prières m'aideront certainement à l'obtenir.

« Le séjour de Saint-Geniès, depuis le mois d'août, a
changé un peu de caractère. Le voisinage s'est rempli
de parents. Ce n'est plus la solitude, ni la retraite.
Nous avons éprouvé un accident assez désagréable. La
grêle a dévasté le pays, déjà si peu favorisé de la Providence, de sorte que le peu d'arbres qui y croît a pris
un aspect de Décembre. Nous n'avons pas été des plus
maltraités : nous possédons encore quelques feuilles.
Mais il en a été de mes travaux de jardinier comme de
mes travaux de musicien et d'avocat : il n'en reste pas
grand'chose.... »

La dernière lettre, datée de Saint-Geniès, 6 Novembre 74, mérite d'être citée tout entière ; elle est
comme le résumé, la conclusion de cette correspondance, embrassant deux années, conclusion où le chré-

tien, l'homme de cœur, l'homme d'action se dégage avec une netteté sans ombre, et envoie à Dieu le dernier *mea culpa* de son intraitable humilité, l'*amen* de la soumission, et l'*alleluia* de l'action de grâces.

« Cher Monsieur. — Me voici revenu d'un long séjour au bord de la mer. J'en rapporte plus de vigueur; mes yeux me paraissent en moins mauvais état et je me porte bien. Je passerai néanmoins cet hiver encore à Saint-Geniès, moitié par besoin de me reposer, moitié par difficulté de choisir une autre voie. Je tâcherai d'utiliser ce temps par quelque travail modéré; je tâcherai surtout de faire provision de courage. Comme je discerne mal encore l'issue par laquelle je pourrai sortir enfin de l'état d'indécision où mon caractère et des circonstances bien diverses m'ont jeté, j'avoue tout bas que je jouis presque de cette halte prolongée avant le combat définitif.

« J'espère être cependant, et me maintenir, s'il plaît à Dieu, dans une disposition plus ferme que par le passé. Je voudrais faire comme les poltrons révoltés. Puissent les obstacles accumulés sur ma route, m'inspirer à la fin le courage de les attaquer de front. J'aurai, pour me soutenir, le sentiment du devoir et votre amitié. Je tends les nerfs de ma volonté, je m'occupe et m'efforce d'échapper aux moments de faiblesse, toujours trop nombreux et trop prolongés; je tâcherai du moins de les cacher.

« Approuvez-vous ma résolution? Alors, dites-le-moi, car, entre nous, ce n'est pas trop de votre secours pour m'aider à la tenir. Je fais le brave : plût à Dieu que ce fût un bon moyen pour le devenir! Comme je crois que la régularité de la vie est à peu près le seul moyen de dompter les sentiments trop vifs, je me compose un règlement d'une ponctualité toute monacale. Je commence ma journée par la messe, et j'espère que vous ne désapprouverez pas cet article-là. Pour moi, je mets dans cette demi-heure de méditation matinale tout l'espoir de mon courage futur. Il me devient tellement indispensable d'en avoir beaucoup, que Dieu se décidera peut-être à m'en donner un peu.

« Saint-Geniès forme toujours une solitude à quatre : ma mère, mes deux sœurs et moi. Mon frère est revenu l'autre jour à Toulouse, où il prépare l'examen militaire qui doit lui permettre de conserver son grade de capitaine dans l'armée territoriale. Votre soldat est-il rentré sous le toit paternel? Combien je vous félicite, lui et vous, d'avoir traversé si bien cette épreuve si redoutée! Que va-t-il faire de ses loisirs? Renseignez-moi là-dessus. H. commence-t-il son droit? Je prends presque le ton d'un grand-père, en parlant des jeunes gens qui commencent leur droit. Il me semble qu'il y a si longtemps que je commençais le mien! Le peu d'années qui me sépare de cette époque a été si rempli d'émotions, en même temps que si vide de résultats! Je ne doutais pas alors qu'en sept ans, je ne dùsse soulever des montagnes! Et me voici occupé à forger mon armure et à raffermir mon cœur ébranlé avant le temps!

« Je me suis laissé aller sans limite à des impressions trop vives. Mais le moyen de raisonner quand le cœur bat si fort? Malgré l'expérience, je ne me sens guère plus sage aujourd'hui. Je vous ai promis cependant

d'être résolu et ferme, au début de cette lettre; je ne
veux pas me démentir en la terminant. Je vous serre
donc la main avec un air de matamore; aidez-moi à
soutenir ce personnage-là longtemps.

« Henri de Lassus. »

C'est sur cette note presque gaie que finit la première
partie de sa correspondance, interrompue pendant
quelques mois par son départ pour l'Algérie. Nous l'y
retrouverons avec des sentiments tout nouveaux, mêlés
comme toujours d'accents mélancoliques, causés cette
fois par la privation de la vie de famille, par un isolement moral, trop absolu, même pour un amant de la
solitude comme lui.

Néanmoins, l'action suivie, féconde, qui lui a fait si
longtemps défaut, remplira ses journées, allégera le
fardeau trop lourd d'une pensée trop profonde et continue. L'Algérie va lui donner la carrière que la France
lui a refusée; déjà l'on sent dans cette dernière lettre
comme un souffle vivifiant et lumineux, que lui envoie
à travers la Méditerranée, la vieille terre d'Afrique.

Enfin, il emporte avec lui la paix de l'âme reconquise,
la confiance en Dieu. Il peut s'embarquer sans craindre
l'orage. Le Divin Pilote est à bord!

CHAPITRE V

En posant le pied sur le sol africain, Henri de Lassus n'abordait pas seulement une terre nouvelle, une nouvelle partie du monde; il abordait une existence nouvelle.

Il avait vingt-quatre ans; après des espérances toujours suivies de déceptions, des projets et des efforts déconcertés par une volonté plus qu'humaine, il voyait s'ouvrir devant lui un long avenir, illimité comme le désert qu'il fallait féconder par les bienfaits matériels de la science moderne, arracher à la barbarie vagabonde des Arabes par les leçons et les œuvres de la civilisation chrétienne.

Quelle perspective pour une âme comme la sienne, éprise de la puissance divine, de la grande nature, amoureuse et impatiente de l'action en même temps que de la science! Le désert et la mer à contempler tour à tour, des plaines sans fin ou des montagnes inconnues à franchir à pied ou à cheval; un champ indéfini presque inexploré, s'offrant à son activité si lontemps retenue prisonnière; plus et mieux que cela, une vie de travail varié, honorable et fécond, travail de construction et d'administration le mettant en rapport avec les hommes et les choses, avec le monde civil et militaire, avec les ouvriers et les ingénieurs, les colons français, les Arabes étonnés et défiants, les Juifs retors et détestés.

Il est vrai que son corps et son âme longtemps éprouvés avaient gardé, des épreuves finies, ce penchant mystérieux à la tristesse que laisse derrière soi toute blessure même cicatrisée. Il est vrai aussi que l'absence et l'éloignement des êtres aimés menaçaient d'entretenir en lui une source sans cesse renaissante de mélancolie. Mais, pour un homme de foi et de cœur, quelle mélancolie pouvait tenir devant une existence si pleine de mouvement, de leçons vivantes, d'études et d'œuvres humaines, économiques et sociales? L'âme d'Henri de Lassus était trop bien trempée pour laisser pénétrer en ses profondeurs plus d'ombre que ne le comportaient ses nouveaux devoirs. Il y mit bon ordre, et je confesse qu'il aurait eu mauvaise grâce à agir d'autre sorte.

Avant même de quitter sa famille et la France, il entrevoyait déjà l'importance et les aspects variés de la carrière à laquelle il allait se donner. Il pressentait également la situation exceptionnelle qui lui était préparée. Les directeurs de la Compagnie assez récente de l'Ouest-Algérien connaissaient si bien son rare mérite, ses qualités d'initiative et de commandement que, dès le premier jour, ils le mirent presque au premier rang.

A peine débarqué, on l'envoyait d'Alger à Oran, d'Oran en plein désert, à la dernière station de la ligne, comme inspecteur et explorateur. Six semaines plus tard, il se trouvait, par l'absence des ingénieurs, le seul agent chargé de rendre compte au conseil d'administration, à Paris, de l'état général des travaux. Enfin, l'année suivante, il était nommé secrétaire général de la Compagnie. Il n'avait pas quatorze mois de service.

Une réorganisation du haut personnel de la Direction, motivée par des dissentiments intérieurs, le maintint dans ses fonctions, devenues si importantes entre ses mains, qu'à l'inauguration de la ligne du Tlélat à Sidi-bel-Abbès, le 1er Mai 1877, deux ans juste après son arrivée à Alger, nous le verrons au poste d'honneur, représentant la Compagnie, invitant l'élite de la Colonie au banquet offert par le Conseil d'administration et prononçant un discours dont je reparlerai en son lieu.

Ces détails historiques donnés par avance, je reviens au jour du débarquement d'Henri en Afrique. Je ferai connaître la vie qu'il y mena, ses impressions, ses jugements, le détail de ses travaux, et, parmi les tristesses de l'isolement et de l'exil, les joies intérieures, les espérances de bonheur qui l'y attendaient et que l'avenir devait réaliser.

Pour donner à cette étude intime sa vraie physionomie, je recourrai le plus possible à sa correspondance, comme je l'ai fait dans l'exposé de sa vie de famille au vieux château de Saint-Geniès, alors qu'il refaisait son corps et son âme dans l'air salubre et pacifiant de la campagne.

Il m'a semblé, cette fois encore, que ses impressions sur la nature et les habitants de notre grande colonie africaine perdraient quelque chose de leur coloris, de leur originalité, à passer par ma plume, et que le procédé le plus loyal et le meilleur était de le laisser se peindre lui-même dans la familiarité d'une correspondance amicale. Pour moi, en lisant ses lettres d'Algérie, j'ai mieux compris la nature, les hommes et les choses de ce monde hétérogène, de ce mélange bizarre de races, de mœurs, de nationalités, que dans les livres et les revues. J'y ai retrouvé en plus, avec un incomparable plaisir, l'âme toujours la même dans sa haute originalité, du jeune ami dont elles portaient la vivante empreinte.

La première de ces lettres est datée d'Alger le 27 Avril 1875, le lendemain de son arrivée. Elle est courte et je tiens à la reproduire en entier, car cette première impression sera celle de tout son séjour en Afrique et de toute sa correspondance.

« Ce n'est qu'un mot d'amitié que je vous envoie. Je pars demain matin pour Oran, et vous imaginez facilement combien j'ai peu de loisir pour écrire. Visites, vue générale du pays, lettres d'affaires et de parenté, voilà bien de quoi remplir un séjour de quarante-huit heures. Mais vous saurez du moins qu'on aime aussi bien sur la terre d'Afrique qu'ailleurs ; je vous en donne l'assurance.

« Si je cherche à vous communiquer ma première impression sur ce pays où je suis débarqué hier, la voici : Dieu y a répandu ses dons à pleines mains ; les hommes n'y ont envoyé que ce qu'ils avaient de plus médiocre, sinon de plus pervers. Il m'est impossible de vous décrire l'admiration que j'ai ressentie pour les rivages d'Alger, les horizons, la végétation, le climat : tout à cette heure de printemps, présente l'aspect le plus merveilleux. Et la population européenne de la ville, ce qu'on en entend dire aux hommes dignes de foi, ce qu'on en devine sur les faces dégradées, découvre ce qu'il y a de plus abject dans notre pauvre France. Je voudrais vous entretenir de ce que j'ai vu dans ce court séjour, nature, habitants, Européens et indigènes. J'ai trouvé un large aliment à ma curiosité intellectuelle, et cela a fait une heureuse distraction au chagrin profond du départ. Je le sens pourtant toujours là, et ce n'est pas au moment où je vous écris qu'il diminue. Adieu, ne m'oubliez pas. »

Ces dernières paroles échappées à une âme si ferme, si réservée dans l'expression de ses sentiments intimes, témoignent de la vivacité de son amour pour les siens, de sa douleur intense de se sentir loin d'eux. Durant ces deux années vécues à la campagne, au milieu de ses souvenirs d'enfance, de ses aimables et chères sœurs, près de ses parents également bons et dévoués pour lui, dans le rayonnement du cœur de sa mère qu'il aimait et vénérait jusqu'à l'adoration, dont la foi solide, la piété large et tendre pacifiaient son âme et dissipaient ses tristesses, il s'était retrempé dans un bain de sainte affection, de raison sereine ; et, pour quitter tout cela, pour passer subitement de ce bonheur tranquille à l'action cependant si désirée, à la lutte, à l'isolement moral au milieu d'un monde inconnu, il lui fallait toute l'énergie d'une volonté inébranlable.

Cette sensibilité presque féminine, jointe à une force de caractère plus que virile, formait un des traits les plus saisissants de sa physionomie à la fois austère et tendre : la force se révélait dans l'expression de ses lèvres arquées, dans le port de sa tête, dans la résolution de son attitude ; la tendresse et la bonté se lisaient dans ses yeux où nageait et rayonnait son âme.

Un serrement de main de lui en disait plus que les effusions abandonnées des autres. Il laissait la douceur des embrassements aux femmes et aux enfants : ses adieux étaient sans baisers, même quand ils n'étaient pas sans larmes. Si, par grande exception, il embrassait, c'était seulement par écrit.

Sa seconde lettre, écrite trois semaines plus tard, est datée de Sainte-Barbe du Tlélat, point de départ du chemin de fer de l'Ouest-Algérien. Pour y arriver, Henri fit le long trajet d'Alger à Oran, puis d'Oran au Tlélat où l'établissement de la voie ferrée et la construction des gares et bâtiments annexes jusqu'à Sidi-bel-Abbès devaient l'occuper pendant deux années. Ses principales résidences pendant cette longue période furent le Tlélat, tête de ligne bientôt remplacée par Oran, et Sidi-bel-Abbès, point d'arrivée. Mais il dut faire tant d'excursions à cheval dans les contrées environnantes pour se rendre compte des ressources du pays, au point de vue agricole et commercial, que cette partie du désert qui s'étend jusqu'au territoire du Maroc pourrait être appelée sa quatrième résidence : résidence fuyante et nomade comme celle de la race mobile des enfants d'Ismaël.

C'est au retour de sa première expédition qu'il m'écrivit ce qui suit :

« Le Tlélat, 18 Mai 1875. »

« Je suis revenu hier d'une longue excursion, pendant laquelle il m'a été impossible de vous écrire. Mes journées se passaient à cheval, mes nuits, dans de petits postes militaires, quelquefois sous la tente, et c'est à peine, si, pendant douze jours, j'ai pu faire parvenir une lettre à mes parents.

« En quittant Alger, je suis venu directement au Tlélat. Le chemin de fer traverse de longues plaines arides et presque désertes, où tout respire la solitude et la désolation. Mon impression, vous le comprenez, a été bien différente de celle que j'ai ressentie à Alger. Le Tlélat est un tout petit village, au milieu d'un pays partout déboisé, et presque partout inculte. J'y suis logé à l'auberge près de la gare. Les ingénieurs et nos bureaux sont installés huit cents mètres plus loin, dans une ferme. L'ingénieur anglais, est un honnête homme, intelligent et très original. Il a l'imagination très exaltée et pas mal d'idées fausses en religion et en morale. Mais il paraît connaître très bien son métier et, somme toute, je pense que j'aurai avec lui de bonnes relations, sans intimité. Avec l'ingénieur français, je suis en bons termes.

« Du Tlélat, je suis allé passer quarante-huit heures à Oran. La ville est grande, animée, mais point jolie. La verdure y fait totalement défaut. Deux ou trois pics pittoresques et les rivages de la mer forment le seul agrément naturel du pays. Enfin, je suis parti pour Sidi-bel-Abbès, le lieu le plus boisé et le plus frais que j'aie vu jusqu'ici dans la province d'Oran. De là, j'ai fait l'ascension dont je vous ai parlé en commençant. Je ne vous donne pas le nom des endroits que j'ai parcourus ; vous ne les trouveriez pas sur les cartes ordinaires. Le but de mon voyage était d'étudier l'exploitation d'une plante appelée l'alfa, qui pousse naturellement sur une étendue immense de pays et qu'on exporte pour divers usages. J'ai fait toute ma tournée à cheval, suivi d'un spahis ou d'un chasseur, et parfois précédé d'un guide arabe. J'ai traversé de grandes forêts le plus souvent dévastées par des incendies, des plateaux remplis d'alfa et de thym, et quelques belles plaines. J'ai été arrêté deux jours dans la montagne par la pluie et la grêle. Partout j'ai trouvé un accueil très aimable chez les officiers de cavalerie ou de bureaux arabes. J'ai reçu l'hospitalité dans une tribu....

« Mes occupations, depuis que je suis arrivé en Algérie, sont assez nombreuses. Je ne lis et n'écris guère que pour mon service. Au reste, je ne m'en plains pas. Je voudrais que mes voyages fussent fréquents ; ils me tirent un peu de mes idées noires. Ici, dans cette petite chambre où je vous écris, je vous avoue que j'ai souvent besoin de courage, grâce à Dieu, je n'en manquerai pas. Ma plus grande consolation est de penser que j'ai en Europe des amis qui ne m'oublient pas. Je tâcherai d'accepter le plus simplement possible les sacrifices que Dieu m'a imposés. Je ne les évite pas, je ne les mesure pas, mais je ne puis m'empêcher de les sentir bien vivement.

« Ma vie matérielle est très suffisamment confortable. Mon auberge est tenue par de braves gens. J'ai rencontré à Oran pendant ma dernière tournée des gens aimables, bienveillants, principalement dans l'armée. Mais je suis aussi obligé quelquefois par mes fonctions de voir des personnes pour lesquelles je n'ai ni sympathie ni estime. Et Dieu sait si le nombre en est grand dans ce pays en fermentation.

« Le clergé jouit ici d'une considération médiocre ;

c'est, paraît-il, un peu sa faute et beaucoup celle du public. Il est à la fois peu zélé et très calomnié. Je vois assez souvent mon curé : on m'en a dit quelque mal, mais, jusqu'à présent, je ne vois en lui que de la simplicité et de la bonté. L'église est au milieu du village, à un kilomètre environ de la gare et de l'auberge où je demeure. Comme j'y vais quelquefois, je vois bien que je passerai bientôt pour fou ou pour imbécile. Les véritables églises des Algériens sont les cabarets. Ils sont multipliés d'une façon effrayante. Quant à la chaleur, je m'y aguerris sans trop de peine. Les nuits et les matinées sont très fraîches et aident à supporter le reste du jour... A Dieu, continuez à m'écrire un peu, c'est une habitude dont je ne pourrais plus me défaire maintenant. »

La lettre suivante, écrite quinze jours après, continue et complète ses impressions sur Oran, ses habitants, la vie qu'il y mène et le pays qui l'entoure. Elle est datée du Tlélat, 5 Juin 1875.

« Je vois, par l'impression que ma dernière lettre vous a faite, que je m'étais un peu trop laissé aller à la tristesse, en vous écrivant. Je me reproche ce genre de faiblesse dans lequel je tombe si souvent. Si mon isolement est, dans ce moment-ci, une épreuve, je l'ai voulue et je la veux encore, ce qui devrait suffire pour m'empêcher de m'en plaindre. Enfin, le travail et quelques autres distractions m'arrachent quelquefois à ces réflexions qui sont dans la pente naturelle de mon esprit.

« Pas plus tard qu'hier au soir, j'ai fait de la musique.

J'étais allé passer la soirée à Oran, dont je suis revenu ce matin. Un capitaine du génie de ma connaissance m'a réuni à deux de ses collègues qui jouent du violon. Nous avons exécuté, un peu à tort et à travers, une foule d'œuvres diverses : des sonates de Beethoven et des mélodies italiennes, de l'Auber et du Wagner. Cela nous a menés jusqu'à une heure du matin. Voilà un exemple des distractions que je puis trouver à Oran. Malheureusement, je suis de plus en plus tenu au Tlélat. L'ingénieur anglais vient de partir pour l'Europe. Il y restera au moins deux mois. Cela m'oblige à suivre avec plus d'attention les travaux qui s'exécutent sur la ligne, parce que je suis maintenant le seul à en rendre compte à Paris. J'ai eu beaucoup à travailler pendant deux semaines. Depuis quelques jours, je suis plus libre et j'en profite pour lire un peu.

« J'ai commencé par la vie de La Moricière, qui a toute mon admiration. Mais, je suis obligé de restreindre mes lectures pour ménager mes yeux. Ils ne vont pas mal et ce n'est qu'une mesure de prudence. Seulement, la véritable distraction que pourrait m'offrir la retraite du Tlélat, ce serait d'étudier sérieusement l'histoire et l'organisation de ce pays-ci. Et ces diables d'yeux rendent la chose assez difficile.

« Je suis heureux de vous savoir à la campagne. Dans cette contrée déserte et nue que j'habite, cela paraît une félicité sans égale que d'être en Bretagne, avec de la fraîcheur et de beaux ombrages. Ce côté de l'Algérie qui, j'en suis convaincu, pourra jouir d'une fertilité et d'une végétation admirables, n'est vraiment pas beau maintenant. Rien de grand dans les aspects, et pas un arbre à dix lieues à la ronde. Je parle des environs d'Oran.

« Oran, sans avoir beaucoup plus de verdure, est du moins dominé par quelques sommets de montagnes, tombant à pic dans la mer et qui donnent à la ville quelque chose de sauvage et de hardi. On voit de plus, sur tous les points élevés, d'anciens forts dont l'architecture massive n'est pas dépourvue de grandeur. Les Espagnols qui les ont autrefois construits, y ont laissé la trace de leurs qualités guerrières, avec je ne sais quoi de ce caractère emphatique qui est le propre de leur nation.

« Dites-moi un peu comment vont les affaires publiques. Dans le commencement de mon séjour ici, je ne lisais pas un journal; et j'éprouvais presque un soulagement à m'occuper moins de nos tristes et mesquines querelles. Maintenant le désir me reprend de savoir ce que l'on fait de l'autre côté de la Méditerranée. La politique est une vieille maîtresse dont on ne se défait pas aisément. En Algérie, l'incrédulité et le rationalisme s'épanouissent ensemble et se partagent les amours de la colonie. La bonne foi, comme de coutume, s'en est allée avec la foi : c'est une mêlée désordonnée des passions et des intérêts. Les colons font apprécier les Arabes. Ceux-ci recouvrent du moins un fond à demi-sauvage par une imagination chevaleresque et une politesse tout aristocratique. Ils ont aussi le respect de l'autorité. Pendant la dernière révolution, ils étaient indignés des outrages que la population civile prodiguait aux chefs de l'armée. Ils brûlaient d'en venir aux mains avec les émeutiers, et on a eu parfois grand peine à les retenir.

« Il existe entre les Arabes et les colons une haine passionnée. Les colons ne tendent qu'à dépouiller les Arabes et trouvent toujours qu'on leur laisse ou trop de terre ou trop d'influence. Les Arabes méprisent les colons en qui ils remarquent la plupart des passions intéressées et sans scrupule dont les Juifs leur avaient paru jusque-là l'incarnation la plus complète. Ils les appellent indifféremment *civils* et *mercantis*, ce sont deux termes d'un égal dédain. Les noms des tribus commencent très souvent par le mot Oulad qui veut dire fils. Oulad-Balagh, fils de Balagh. Quand, en 1871, on envoya en Algérie des mobilisés sans discipline, les Arabes les ont appelés Oulad-Mercantis, fils de marchands. Mais je n'en finirais pas si je continuais à vous raconter toutes les singularités de ce pays; il faudrait un volume.

« Je vais acheter un cheval qui m'est nécessaire pour les mille courses que je suis souvent obligé de faire. Je suis décidé à voyager le plus que je pourrai, à dépenser le plus possible mon activité au dehors. C'est le meilleur moyen d'échapper au dedans, c'est-à-dire aux réflexions décourageantes. Adieu, écrivez-moi... »

Les trois lettres suivantes sont datées, l'une de Tlemcen, la seconde d'Alger éloigné d'Oran de quatre cents kilomètres, la troisième d'Oran. Et comme la voie ferrée s'arrêtait alors tout près d'Oran, au Tlélat, c'est à cheval qu'Henri franchissait les espaces qui séparaient Oran de Tlemcen et qu'il poussait ses reconnaissances encore bien au-delà.

« Pour moi, écrivait-il de Tlemcen, — la plus jolie
ville et la plus intéressante de toute la province, — je
continue à courir les grandes routes ou plutôt les champs,
car les grandes routes manquent souvent dans ce pays.
Je voyage à cheval ; c'est quelquefois pénible, à cause de
la chaleur ; mais c'est le seul moyen de voir quelque
chose... Je tâche de prendre à tout ce que je vois un
plaisir d'imagination qui dure du moins quelques
heures. Demain, je vais à Lalla-Maghrnia, tout près de
la frontière du Maroc... »

Ce plaisir d'imagination était parfois assez vif pour
aller jusqu'à l'enthousiasme ; car dans sa lettre datée un
peu plus tard d'Alger où de graves affaires le retinrent
huit ou dix jours, je lis cette phrase significative :

« ... J'ai vu plusieurs fois vos amis des Garets. Leur
installation est agréable, et après la première période de
découragement, ils sont devenus, *eux aussi*, enthou-
siastes du pays... » Un jeune Anglais dont il était le
Mentor, ne prenait pas les choses de la même façon :
« Mon compagnon de voyage, — écrit-il dans cette même
lettre, — est un bon garçon, un peu ennuyé, taciturne
et nullement curieux, quoique désirant voir à peu près
tout, pour en avoir la conscience nette. Il regarde ce
que je lui montre et admire ce que je lui déclare être
beau. Cette confiance m'honore mais la solitude peuplée
de mes meilleurs souvenirs, après les fatigues du
travail et l'ennui des relations obligées, ferait bien mieux
mon affaire !... Il me tarde déjà d'être au Tlélat, car
mes lettres d'Europe m'y attendent... »

Cet amour de la solitude et le regret d'être loin de la
France et des siens, seule société qui lui fût vraiment
douce, se combattaient dans son cœur et reviennent
sans cesse sous sa plume. « Me sera-t-il donné d'aller
bientôt en France, — m'écrivait-il après son retour
d'Alger, — je l'espère mais je suis encore dans l'incertitude à cet égard comme en tout le reste. Vos paroles
d'amitié me font l'impression la plus douce. Je ne pourrais pas y répondre sans m'attendrir plus qu'il ne
convient, au moment où il faut que je resserre tous les
ressorts de ma volonté. » — Et pour montrer qu'il ne
veut ni être plaint ni se plaindre, il ajoute : « Vous me
demandez des nouvelles de mes yeux. Ils ne vont pas
bien, mais ils ne vont pas très mal, cela suffit. La chaleur est le plus souvent très supportable; elle me paraît
beaucoup moins forte qu'on ne se l'imagine en Europe.
Enfin, les ennuis que j'ai à subir n'excèdent pas non
plus une mesure assez tolérable. Je ne me plains donc
pas; je laisse passer le temps, je souhaite seulement
qu'il passe vite. Et si je puis, de temps en temps, serrer
des mains comme la vôtre, je ne m'inquiète pas davantage de l'avenir. »

La lettre suivante, écrite quatre mois après la précé-
dente, m'annonce une bonne nouvelle... « C'est une histoire de quatre mois que j'aurais à vous faire. J'ai
d'abord couru beaucoup dans toute la province, puis je
suis venu m'installer à Oran. Nos bureaux y occupent
un grand appartement où je m'étais logé. Mais ce voisinage m'a déplu. Je demeure maintenant dans un des
quartiers les plus éloignés du centre de la ville, où j'ai

loué une petite maison. Son isolement et sa tranquillité me conviennent. Je passe, entre mon piano et mon cheval, les heures de liberté que mes occupations me laissent... Ma situation n'a pas sensiblement changé. Mon rôle paraît s'être un peu accru et mes appointements ont suivi cette marche ascensionnelle plus lentement encore. Il me reste des espérances qui sont toujours dans le même état. Mais ce que j'ai gagné véritablement, c'est de ne plus mener constamment une vie nomade, c'est d'avoir un chez moi où je puis de temps en temps me reposer et réfléchir... Je tâche de m'accoutumer aux nécessités de la vie, à ses épreuves; j'y réussis moins mal que je ne pouvais le craindre et j'en remercie Dieu. Mais la résignation n'est pas l'indifférence. Vous jugez bien que les nouvelles qui viennent de l'autre côté de la Méditerranée ne me font pas toujours plaisir. Les tristes élections et le pauvre ministère! Je m'applaudis du moins de m'être tenu par instinct éloigné des fonctions publiques, et d'avoir tourné mes vues d'un autre côté. Adieu. Donnez-moi de vos nouvelles. Votre amitié est une force pour moi et une grande douceur... »

Dans toutes les lettres que nous venons de citer, il est questions de courses à travers le désert et les montagnes, poussées jusqu'à Tlemcen et la frontière du Maroc. Pour une au moins de ces excursions lointaines, la dernière sans doute, véritable reconnaissance sur un territoire inexploré, parmi des tribus arabes peu sûres, Henri dut organiser une caravane formée d'ingénieurs avec une escorte de guides, de chameliers, des chevaux

pour tous et vingt chameaux portant des vivres et des
outres pleines d'eau pour nourrir et désaltérer cette
troupe voyageuse de gens et de bêtes.

Directeur de l'expédition, responsable de tout, il la
prépara, la conduisit avec une prévoyance, une décision,
une autorité vraiment incroyables chez un jeune homme
de vingt-cinq ans, débarqué en Algérie depuis six mois
à peine. Pendant plusieurs semaines, la caravane,
ayant atteint les Hauts Plateaux, les parcourut, les
étudia, dressant des plans, couchant sous la tente ou à
la belle étoile, par des températures glaciales succédant
à des journées brûlantes : pas un accident ne se produisit, pas une plainte ne se fit entendre. Tout était prévu,
tout fut exécuté avec un ordre parfait. Les ingénieurs,
plus âgés, plus anciens que lui, n'en revenaient pas, et
ils conçurent pour ce jeune homme extraordinaire une
si haute estime, que lors du remaniement du personnel,
survenu peu d'années après, ils déclarèrent qu'ils refu-
seraient leurs concours à la Compagnie si Henri n'y
restait pas comme secrétaire général.

C'est peu de temps après cette expédition, le
7 Mai 1876, que son jeune chef fut appelé à cette
fonction importante, et, récompense plus chère encore à
son cœur, qu'il obtint trois mois plus tard un assez
long congé pour passer comme un écolier le temps des
vacances au pays natal. Il aborda le doux rivage de France
vers la fin de Juillet, après un séjour de quinze mois en
Algérie, et il courut droit à son cher Saint-Geniès, où
l'attendait, parmi tous ses souvenirs d'enfance, sa mère,
son plus grand amour en ce monde. C'est de là qu'il
m'adressa la lettre attendrie dont voici un aimable extrait.

« 21 Août 1876. »

« Je dirais volontiers que je suis plus paresseux à Saint-Geniès qu'ailleurs, s'il n'était difficile de croire que je puis être plus paresseux que je ne le suis en général. Bref, ces quinze jours viennent de passer comme un songe. J'étais un peu fatigué et je me suis abandonné au *far niente* comme un enfant s'abandonne au sommeil. — Nous ne sommes que quatre dans cette grande vieille maison... j'ai retrouvé avec bonheur le repos de la campagne et de la vie de famille. J'ai tapoté un peu du piano, me rappelant qu'au bout du compte, je ne suis né que pour cela. Enfin, j'ai fermé mes oreilles à tous les bruits du dehors, pour n'écouter que les voix qui sortent du foyer domestique. Quel qu'en soit l'accent, triste ou gai, il est toujours doux de les entendre.

« Nous avons eu hier la visite de mon oncle de Malaret, arrivé de la veille à Toulouse. Il avait battu la campagne toute la matinée à la poursuite de cailles problématiques, mais il l'avait fait avec moins d'ardeur et de persévérance qu'autrefois. Il se plaignait de la fuite de la jeunesse et paraissait en effet fatigué... Nous avons bien envié la fraîcheur de la Bretagne et vos brises de mer, pendant ces dernières semaines où notre pauvre sol languedocien se desséchait et jaunissait à vue d'œil. En vérité, je crois que la chaleur de ce pays-ci est plus pénible à supporter que celle d'Algérie. Quels étranges préjugés et quelle triste ignorance que la nôtre ! Pour ces pauvres paysans à qui il suffirait de traverser la Méditerranée pour échanger la misère contre l'aisance, l'Algérie est un pays pestilentiel, un désert aride... Et cette belle terre reste vide, faute de gens pour la faire connaître et aimer comme elle le mériterait.

« Vous voyez, à mon langage, que j'ai rapporté un grain d'enthousiasme de mon séjour sur la côte africaine. Il est vrai que l'enthousiasme est une plante que je suis disposé à cueillir un peu partout, comme le découragement, son frère... Quel pauvre maniaque vous avez pour ami, cher Monsieur! Mais ce maniaque vous aime bien... »

Ces vacances, qu'il espérait pouvoir prolonger jusqu'à la fin d'Octobre et achever à Paris où siégeait la Compagnie des chemins de fer de l'Ouest-Algérien, furent abrégées d'un mois par une dépêche qui l'appelait à Oran. Je manquai ainsi l'occasion de le revoir après cette longue séparation, et pour me consoler de cette cruelle déception, il m'écrivit presque coup sur coup les trois lettres suivantes qui devaient clore sa correspondance africaine. On y retrouve, plus encore peut-être que dans les autres, le charme de son style, de son esprit et de son cœur.

« Oran, 5 Novembre 1876. »

« Depuis mon retour en Algérie, je n'ai guère cessé d'être en route. J'ai d'abord traversé Alger pour aller à Oran; puis d'Oran il m'a fallu revenir à Alger où je viens de passer quelques jours. Enfin, me voici de nouveau à Oran où je goûte avec délices le plaisir de coucher dans le même lit pendant une semaine entière. — Combien je regrette ce départ précipité qui m'a empêché

de vous voir, je n'ai pas besoin de vous le dire. Je
pense que je resterai en Algérie jusqu'au mois de
février au moins. Pourquoi faut-il toujours retarder le
moment du revoir? Enfin, si Dieu nous prête vie, je
vous serrerai la main au printemps prochain.

« Pendant que vous vous calfeutrez sans doute dans
vos appartements de Paris, l'Algérie est encore tiède et
se montre sous son plus bel aspect. Il est vraiment
impossible de voir rien de plus admirable et de plus
agréable que la température dont nous jouissons. J'ai
beaucoup à travailler. Dans mes instants de loisir, je
me promène, où je fais un peu de musique. En somme
le temps s'écoule assez vite, et je ne suis plus à l'époque
où je demandais autre chose à la vie. Je me trompe, car
je lui demande encore de revoir mes amis et, parmi
eux, le plus fidèle, le plus ancien de mes amis. Oui,
cher Monsieur, c'est déjà une longue histoire que celle
de vos bontés pour moi. Elle ne finira pas de si tôt, je
l'espère. — Je vous embrasse de tout mon cœur. »

Douce terminaison, bien rare sous sa plume, et qui
dans cette âme forte et réservée, est la plus vive expres
sion de l'amitié.

« Oran, 22 Novembre 76. »

« Voici votre lettre du 16 Novembre, écrite au milieu
de travaux et de fatigues auxquels je vous suis bien
reconnaissant d'ajouter la peine de correspondre avec
moi... Je prendrais volontiers pour mon compte cette
demi-surdité passagère dont vous me parlez, car cela
m'éviterait d'entendre la conversation d'un grand

nombre de sots, parmi lesquels je vis. Au lieu de cela,
c'est ma vue qui cloche ; et j'aurais de fort jolies choses
à voir. Cela est fort triste de ne pouvoir rien choisir, non
seulement parmi les biens, mais même parmi les maux.

« ... En fait de bien, j'ai eu l'autre jour l'honneur de
dîner à côté de l'Évêque d'Oran, et en fait de mal, celui
d'être assis à côté de son grand vicaire. Ce grand
vicaire, tout fraîchement débarqué en Algérie, pense
qu'il est tout à fait ridicule de chercher à convertir les
musulmans. Le christianisme ne lui paraît pas le
moins du monde avoir été inventé pour les Arabes, qui
n'en sauraient que faire probablement et qui s'en
passent fort bien dans leurs déserts. N'était-ce pas le
cas d'être sourd ? Ah ! cher Monsieur, vous dites très
bien qu'il faut demander l'éternité à la vie, mais le
moyen de nourrir des pensées éternelles au milieu de
ce chaos confus de petites idées et de sentiments étroits
qui remplissent toutes les avenues de la vie ? Cela
m'inquiète souvent de voir que d'heures, que de jours,
que de mois on jette sans y penser dans ce gouffre des
choses vulgaires, et à quels rares intervalles il est
donné de reposer sa vue sur quelque sommet écarté. Je
parle pour les faibles d'esprit et de cœur comme moi.
Comment faites-vous, les forts, pour suivre sans interruption le fil des pensées qui vous conduisent à Dieu ?
Mais pour faire un discours banal, je n'ai pas l'excuse
d'être grand vicaire et vous n'avez pas la bonne fortune
d'être sourd.

« Je fais un peu de musique le soir, retiré dans ma
petite maison, qui est elle-même très retirée dans un
quartier très retiré. Mais, comme cette jouissance était,

paraît-il, trop grande, voilà le bras de Dieu qui s'abat sur moi sous la forme d'un voisin qui joue du cornet à piston. J'essaie bien de faire plus de tapage que lui avec mon piano; mais si je joue plus fort, il a plus de persévérance et joue plus longtemps. C'est en général le *Miserere* du « Trouvère. » Comment ne pas souhaiter l'éternité et le plus tôt possible, quand on traverse la vie avec un pareil accompagnement?

« Lorsque je paraîtrai devant le grand Juge, je ne serai pas fâché que vous soyez, comme au Conseil d'État, l'un des examinateurs. Vous y regarderiez à deux fois avant de condamner un pauvre diable qui a certainement aimé quelque chose d'excellent puisqu'il n'a pas cessé de vous être attaché du plus profond de son cœur. Adieu, cher Monsieur, je ne serais pas fâché non plus que nous puissions causer quelquefois ensemble, avant le jour du jugement. »

Me voici arrivé à la lettre du 1ᵉʳ Janvier 1877, qui clôt cette série de la correspondance d'Henri où j'ai tant puisé. Le but de mon travail étant moins de raconter les circonstances de sa vie que de tracer le portrait de son âme, j'ai tenu à le révéler à tous tel qu'il s'est montré à moi dans le charme, le spirituel abandon, la noble simplicité de ses lettres. Cette correspondance intime, c'est, je puis le dire, l'histoire racontée par elle-même, d'une grande âme qui cherche toujours à se cacher à tous les yeux, mais qui jamais n'eut rien à cacher à personne. Profondément humble, il se jugeait indigne de louanges et fuyait la vaine gloire. Parce qu'il s'est abaissé, je l'exalte. *Qui se humiliat, exaltabitur.*

« 1er Janvier 1877, Oran. »

« Je n'ai rien de vous, et cette année qui commence, en rappelant plus vivement à mon souvenir les amis absents, reporte naturellement ma pensée vers vous. Ma pensée passe la Méditerranée, elle pénètre au milieu de votre famille et vous souhaite toutes les satisfactions que vous méritez : cela dit tout et comprend tout.

« Je vous écris trop rarement pour vous raconter ma vie par le détail. Il faudrait faire un volume pour vous mettre au courant des gens et des choses. La faiblesse du gouvernement livre ici les affaires publiques à une foule d'intrigants. J'ai pas mal d'ennuis à cause de cela. Pour ce qui est de la vie intime, je n'ai de communication presque avec personne. Après la véritable amitié, la solitude est, à mon goût, ce qu'il y a de mieux. Je travaille toute la matinée et une grande partie de la journée. Le soir, je lis quelques pages, ou je joue du piano pendant quelques minutes, mais sans grand intérêt, sans le feu intérieur qui colore les idées ou anime les sons. Cette lassitude me suggère des réflexions assez amères. Je vois très clairement que je ne suis bon à rien ; mais cela est tout naturel et il y a sans doute infiniment d'amour-propre au fond de mon étonnement.

« Je crois vous avoir dit que je ne reviendrai pas en Europe avant le mois d'Avril. Voilà comme le temps passe et comme les projets caressés ne se réalisent pas ! Que de fois j'avais savouré d'avance le plaisir de vous voir souvent cet hiver ! Je ne sais, mais il me semble que mon adolescence, pour laquelle vous avez été si paternel, est bien décidément au tombeau. J'ai tout à l'heure vingt-six ans. Ce chiffre vous paraît-il respectable ? Je me sens une assez forte dose de sagesse prud'hommesque et pas mal de plomb dans la cervelle. Je juge, dans ma sagesse, que mes illusions étaient assez sottes, mais que ma sagesse est plus sotte encore. Je méprise un peu ma tranquillité présente sur les grands problèmes qui m'agitaient autrefois. La résignation est souvent un symptôme de faiblesse pour l'esprit comme pour le cœur. Entre nous, je ne serais pas fâché de me révolter un moment contre cette résignation.

« Je ne parle plus avec personne comme je vous parle maintenant ; mais c'est une vieille habitude, que je ne puis perdre, de me confesser pour ainsi dire tout haut devant vous. Êtes-vous flatté de ce rôle de confesseur ? On dit que le confessionnal est terriblement ennuyeux à la longue. Mais, voilà qui est fini ; je sors de l'église.

« Il est vrai qu'il n'y a pas grand'chose de beau à regarder sur la place publique. Apprenez-moi ce qu'on pense de la politique. En a-t-on pour quelques années, pour quelques mois ou pour quelques jours avant d'être descendu au fond de l'abîme ? Je serai bien aise de le savoir ; j'ai le sentiment que la pente devient assez raide et qu'il y a des tournants où nous pourrions bien verser avant qu'il soit longtemps... Si vous apercevez le plus petit bout de consolation à l'horizon, dites-le-moi. Il me semble que l'atmosphère des Catacombes valait mieux que cet air pesant et obscur qui nous environne. Le temps qui précède l'orage est plus pénible que l'orage même.

« Adieu, cher Monsieur, je ne sais s'il faut vous souhaiter un gros orage pour l'année 1877! à condition toutefois que vous en sortiez sain et sauf. Mille amitiés.

« HENRI. »

Le gros orage suspendu sur la France, prévu sinon prédit dans cette lettre, n'éclata pas en 1877 ni dans le quart de siècle qui suivit et qui vient de finir au moment où j'écris. Mais sa menace a toujours été grandissante. Il est plus sombre et plus imminent de jour en jour. La France est en anarchie, le reste de l'Europe en fermentation et deux nuages formidables planant sur l'Afrique et sur l'Asie tout entière, ajoutent aux périls d'alors l'horreur d'un cataclysme universel, nouveau déluge non plus d'eau mais de feu et de sang.

Pour Henri de Lassus, cette année 1877 fut au contraire une année heureuse. Elle marqua l'achèvement honorable pour lui de la première partie de l'œuvre qui l'avait appelé en Algérie et lui envoya deux trésors sans prix : pour le présent, un ami incomparable ; pour l'avenir, l'espérance d'un bonheur plus grand et plus enviable encore que celui de la plus tendre amitié.

Mais avant de retracer ces moments bénis de sa courte histoire, je dois compléter ce que ses lettres ne disent pas ou laissent trop dans l'ombre sur ses actes et ses sentiments pendant les deux années qu'elles embrassent.

Je pourrais tout définir et résumer en deux mots : il vécut en chrétien. Dans chacune de ses résidences, il offrit aux indigènes et aux colons le spectacle nouveau pour eux d'un homme jeune, instruit, éclairé, observateur fidèle de la religion de son pays, et en pratiquant tous les devoirs sans respect humain comme sans ostentation.

On n'a pas oublié son jugement sur le curé du Tlélat, sa première résidence, résumé dans une petite phrase qui vaut un long éloge : « Je n'ai trouvé en lui que de la simplicité et de la bonté. » Simplicité et bonté, c'est le fond de l'Évangile. Quel paroissien, même en France, ne se contenterait de rencontrer ces deux qualités maîtresses en son curé ?

Quand Henri s'éloignait, le pauvre curé soupirait. Quand Henri quitta l'Algérie pour la France, le pauvre curé pleura longuement. Chaque année, au jour de la Saint-Henri, il lui envoyait par la poste, en guise de fleurs, un bouquet de vers qui devait exhaler un parfum céleste sortant de ce cœur sacerdotal, et la mort seule mit fin à ces envois touchants du vieil ermite de Sainte-Barbe du Tlélat à son jeune ami.

A Sidi-bel-Abbès, où il résida plus longtemps, il trouva un autre bon prêtre, un vieux curé condamné à offrir le Saint Sacrifice de la Messe sans autre assistance quotidienne que son enfant de chœur et son ange gardien. Touché de ses douloureuses confidences, Henri le visitait souvent, fréquentait son église, assistait aux offices du dimanche pour toute la paroisse absente. Aucun autre homme que lui n'y mettait les pieds et le bon vieillard s'éprit de tendre affection pour celui qu'il appelait avec un triste sourire : « mon paroissien. »

Je n'oserais dire que l'estime et la sympathie inspirées par Henri aux témoins de sa foi pratique allassent jusqu'à changer leur vie et à les convertir entièrement, mais son exemple réveilla plus d'une fois les sentiments religieux dans des âmes où ils semblaient éteints pour toujours. Ayant appris que de jeunes époux vivant dans une indifférence absolue, mais touchés de sa bonté et de sa foi, songeaient à faire baptiser leur petite fille, déjà sortie de la première enfance et qu'ils tenaient à grand honneur de l'avoir pour parrain, il accepta ce devoir et cette charge avec empressement. La petite fille fut baptisée, tenue par lui sur les fonts baptismaux. Le père et la mère lui promirent qu'elle serait élevée chrétiennement : ils n'y manquèrent pas et le vieux curé de Sidi-bel-Abbès eut la joie de préparer à sa première communion la filleule de son paroissien.

Ces souvenirs datent de loin, et depuis l'ouverture de la ligne du chemin de fer d'Oran à Sidi-bel-Abbès et bien au-delà, cette bourgade arabe est devenue une ville presque européenne de vingt mille habitants, militaire encore plus que civile, séjour d'un nombreux état-major d'officiers de tout grade. Je ne doute pas que l'unique paroissien de 1876 se soit changé en légion et j'espère que le clergé actuel de cette belle cité n'y célèbre plus les offices dans le vide.

La charité d'Henri n'oubliait pas ceux qui le touchaient de plus près et j'ai gardé le souvenir très présent d'un petit Arabe qu'il avait pris à son service, auquel il prodiguait ses soins, ses leçons, et qu'il eut un moment l'espoir d'amener au baptême. Mais il dut bientôt renoncer à ce rêve, en voyant, au lieu de l'esprit chrétien, l'esprit de gourmandise, de vol et de men-

songe se développer avec l'âge chez ce descendant
d'Ismaël devenu fils de Mahomet.

Quand Henri eut transporté son domicile à Oran, il y
rencontra non pas un vieux curé, comme à Sidi-bel-
Abbès, mais un jeune prêtre qui, presque aussitôt,
devint son ami. L'abbé Vachon, atteint d'une maladie
de poitrine qui l'avait amené en Algérie, consacrait tout
ce qui lui restait de force et de vie au bien des âmes et
au soulagement des misérables. C'était un véritable
apôtre, dont la douce et forte résignation, le zèle infatigable, la charité pénétrante firent sur l'esprit d'Henri
la plus profonde et salutaire impression. Cette attention de la Providence de lui envoyer, au milieu d'une
société, chrétienne de nom, mais païenne ou juive de
sentiments et de mœurs, un exemplaire vivant de la
sainteté de Jésus-Christ, le toucha vivement et répandit
dans tout son être un baume consolateur.

Tant que l'abbé Vachon vécut — et sa vie se prolongea pendant plusieurs années — Henri resta en correspondance intime avec lui, lui envoya des sommes
relativement importantes pour ses œuvres et ses pauvres.
Suivant son habitude, il garda pour lui seul le secret de
ces aumônes, et ce fut seulement après sa mort et par
ses comptes que sa famille en apprit le détail.

Cette générosité pour les pauvres et les éprouvés de
toute sorte était d'ailleurs une des règles de sa vie.
Malgré sa fortune alors très modeste, consistant presque uniquement dans son traitement de secrétaire
général, il aidait de ses deniers des jeunes gens parfois
plus riches que lui, mais plus dépensiers, qui avaient
besoin de secours pour se débarrasser de liens compro-

7

mettants ou de dettes criardes. C'est par cette bonté, cette grandeur de sentiment et d'action que, vivant au milieu d'hommes de religions et d'opinions différentes, il forçait l'estime, la sympathie même des plus radicaux et des moins croyants.

Avoir trouvé dans les trois seules villes africaines habitées par lui deux bons curés et un saint prêtre, c'était pour l'âme religieuse et si aimante d'Henri une grâce d'autant plus sensible que Dieu l'avait mené, depuis l'année fatale de la guerre, par des voies moins faciles et des leçons plus sévères. Epreuves dans ses vocations les plus chères, épreuves dans son âme agitée par le doute, dans son corps un moment menacé par un grave accident, il avait tout accepté, mais tout ressenti profondément. Sa joie même d'une carrière longtemps attendue, embrassée avec ardeur, avait été bien vite assombrie par les tristesses de l'exil et la séparation de tout ce qu'il aimait.

Mais, en fin de compte, l'Algérie lui avait tenu ses promesses. Avec le succès dans le travail, l'estime et la sympathie universelles, elle lui avait rendu la confiance en lui-même, consolidé sa confiance en Dieu ; et, dans ce pays de l'indifférence religieuse la plus abolue, en face du découragement trop explicable d'un clergé sans ministère, elle lui avait donné ce qu'on disait introuvable, des âmes sacerdotales à aimer, à respecter jusqu'à l'admiration.

Son corps avait ressenti comme son âme les bienfaits de cette colonie hospitalière. Sa vigueur, un moment diminuée par sa chute, s'était retrempée dans l'air des Hauts Plateaux, dans les expéditions aventu-

reuses, dans les brises et les eaux bleues de la Méditerranée. Grand nageur après Cauterets comme avant, il
était là dans son élément, et de même que naguère à
Biarritz, il surprenait les baigneurs par ses exploits
nautiques, par la vitesse de sa nage et la longueur de
ses excursions en pleine mer.

La troisième et dernière année de son exil couronna
tous ces bonheurs par des événements non moins
heureux.

Le 1er Mai 1877 eut lieu à Sidi-bel-Abbès, la cérémonie imposante de l'inauguration de la première ligne
construite par la Compagnie des chemins de fer de
l'Ouest-Algérien. Il semble bien que, par un sentiment
de gratitude concerté entre les Administrateurs et les
Directeurs de la Compagnie, l'honneur de la représenter
à cette solennité fut volontairement laissé au jeune
secrétaire général qui avait pris une si grande part à
l'accomplissement de l'œuvre : construction de la voie,
choix et formation du personnel avec le concours d'ingénieurs habiles et dévoués, Henri de Lassus avait
présidé à tout. Le premier à la peine, il devait être le
premier à l'honneur : il le fut par un assentiment
unanime qui ne semble même pas avoir été discuté. Son
mérite éminent, au lieu de l'orgueil qui blesse et écarte,
se parait de la modestie qui attire. D'ailleurs, le Comte
d'Ayguesvives, alors président de la Compagnie et qui
l'y avait fait entrer, s'était empressé de le désigner au
choix de ses collègues, heureux de se faire représenter
par ce neveu dont il était fier.

La cérémonie fit sensation, non seulement dans la
province d'Oran, mais dans l'Algérie tout entière.

Gouverneur général, Évêque, État-major de l'armée, Préfet et hauts fonctionnaires administratifs, chefs arabes en grand costume, aucune illustration ne manquait à la fête, organisée par Henri avec une entente parfaite.

Un banquet de quatre-vingts couverts avait été préparé. Un pavillon, orné de fleurs et de drapeaux s'élevait comme par enchantement, sur le plateau de la gare ; à l'entour une foule innombrable attendait l'arrivée du train qui portait la fortune de la Colonie.

Au sortir d'Oran, au Tlélat, l'Évêque avait béni les machines en présence du gouverneur général. A onze heures et demie, une colonne de fumée annonçait l'arrivée des augustes voyageurs, et la locomotive fit son entrée triomphale dans la gare. Reçu à la descente du train par le Maire de Sidi-bel-Abbès et les représentants de la Compagnie, le général Chanzy passa rapidement en revue la garnison, et le banquet commença, aux sons harmonieux de « la Légion », une des meilleures musiques de l'Algérie.

Le dessert achevé, au moment solennel du Champagne, Henri de Lassus se leva pour saluer ses illustres hôtes au nom de la Compagnie et prononça avec une aisance et une distinction parfaites le discours suivant que nous voudrions reproduire en entier, car cette inauguration fut un événement dans la carrière d'Henri de Lassus, je pourrais presque dire dans l'histoire de la Compagnie de l'Ouest-Algérien et de la province d'Oran.

.....« Personne d'entre nous n'ignore, M. le Gouverneur général, les nombreuses raisons qui pouvaient vous tenir éloigné de Bel-Abbès en ce moment. Nous osions à peine espérer votre présence. Mais ces raisons, quelques pressantes qu'elles fussent, ont été moins fortes que votre amour pour ce pays qui vous connaît et qui vous est attaché, que votre désir patriotique d'encourager les travaux publics en Algérie. Je sais que nous ne devons pas être les seuls à vous remercier, mais nous demandons à ne le céder à personne en reconnaissance.

« C'est sous vos auspices que cette ligne a été décrétée; c'est sous votre autorité et avec votre concours qu'elle a été construite; c'est en votre présence qu'elle est inaugurée. Elle ne démentira pas, j'en ai la confiance, cet heureux présage.... Je dois aussi mes remerciements à Mgr l'Évêque d'Oran, non seulement pour sa présence, mais pour les paroles trop bienveillantes qu'il a ajoutées aux bénédictions divines appelées par lui sur nos travaux. — Je ne puis oublier que ma Compagnie a l'honneur de compter parmi ses hôtes, M. le Général de division et M. le Préfet du département. J'ai éprouvé trop souvent combien il était utile de recourir à leurs lumières, pour ne pas saisir avec empressement l'occasion qui m'est offerte de leur exprimer publiquement ma gratitude.

....« Nous ne sommes pas venus en Algérie pour n'y faire qu'une halte passagère et retourner à d'autres occupations, une fois nos travaux de construction terminés. Non, nous sommes venus en Algérie pour y demander droit de cité, pour nous y établir, pour nous y associer à la population vaillante de la colonie, pour joindre, en un mot, nos intérêts à ceux de ce pays qu'on ne traverse pas sans l'admirer, qu'on n'habite pas sans

l'aimer. Aussi, n'est-ce point par un caprice de vanité
frivole que la petite compagnie du chemin de fer du
Tlélat à Sidi-bel-Abbès a pris le nom, plus ambitieux
en apparence, de Compagnie de l'Ouest-Algérien ; ce
n'est pas une prétention ridicule que nous avons voulu
afficher ; nous avons voulu indiquer un désir, une espérance, celle de continuer à travailler avec vous, Messieurs, dans l'intérêt commun. Je puis réclamer pour les
entreprises de chemins de fer cet honneur, qu'elles sont
inséparables de l'intérêt public. C'est dans l'intérêt
public, scrupuleusement étudié et servi, que nous devons
chercher la règle de notre conduite, parce que nous y
trouverons le succès de notre œuvre.

....« Je suis à l'aise pour tenir ce langage dans la
ville de Sidi-bel-Abbès, dont l'exemple nous montre ce
que l'on peut attendre d'un travail persévérant et éclairé ;
dans cette ville qui est un juste sujet d'orgueil non seulement pour ses habitants, mais, je puis le dire, pour
toute l'Algérie. Il est permis d'espérer beaucoup pour
ce pays, quand on voit cette population prospère, cette
activité commerciale et agricole, ces jardins, ces belles
avenues verdoyantes, là où s'étendait, il y a si peu
d'années, un marais avec quelques broussailles sau-
vages. Je ne puis songer à ce progrès rapide sans me
rappeler les bienfaits de l'administration de M. le
général Chanzy avant même que tous les Français
eussent appris à mêler son nom à leurs plus chères
espérances. C'était une noble tâche que de défendre la
vieille France contre l'étranger ; c'est la bien servir
aussi, quoique d'une façon différente, que de fonder ici
cette France nouvelle. Notre seule ambition, M. le

Gouverneur général, est que, pour la faible part qui nous est échue dans cette grande œuvre, vous vouliez bien juger que nous n'avons pas été des serviteurs inutiles.

« Messieurs, je bois à l'Algérie ; je bois à la santé de M. le général Chanzy, gouverneur général : vous confondez comme moi ces deux vœux en un seul. »

Ces paroles dites avec cet accent de sincérité, ce tour oratoire naturels à Henri de Lassus, firent une vive impression sur son auditoire d'élite : son allusion si délicate, si pénétrante au rôle glorieux du général Chanzy dans la campagne à jamais douloureuse de 1870-71 toucha tous les cœurs et fit passer, de l'âme du jeune orateur dans celles des assistants, une émotion patriotique. Chanzy personnellement ne l'oublia jamais. Cette bonne opinion s'accrut par les rapports fréquents qu'ils eurent dans la suite, au sujet des affaires de la Compagnie, et l'illustre général laissa plus d'un témoignage écrit de la haute estime dans laquelle il tenait ce jeune homme éminent, qui semblait à sa place au premier rang, et savait allier au sentiment de sa valeur une modestie égale à son mérite.

Dans son toast qui termina le banquet, le Gouverneur de l'Algérie remercia chaleureusement la Compagnie de l'Ouest-Algérien, si bien représentée, d'avoir conduit si bien et si promptement l'œuvre qui lui avait été confiée et qui recevait en ce jour sa première consécration. Il retraça à grands traits l'avenir de ces chemins de fer, destinés à assurer à jamais la civilisation et l'influence de la France dans cette partie du monde, s'attachant à rappeler que cette première ligne était une simple étape, et qu'il restait encore à atteindre Tlemcen et Maghrnia, puis à relier les Hauts Plateaux aux différents ports des départements.

« Ce qu'il faut aux habitants de ce pays pour le voir prospérer, dit-il en terminant, c'est de rester unis, je ne saurais trop le répéter, de manière à nous faire connaître au dehors tels que nous sommes, et à montrer à la France, par le travail et le succès, notre reconnaissance de tout ce qu'elle a fait pour nous. Pour moi, je continuerai mon concours impartial et sans limites à l'œuvre de colonisation, aidant en cela le Président de la République, que l'on ne saurait oublier chaque fois que l'on parle de questions algériennes. (Le président était alors le Maréchal Mac-Mahon, ancien gouverneur de l'Algérie.) Je porte un toast à la France qui saura accomplir ses destinées et, par des pages glorieuses, effacer l'impression douloureuse laissée par de mauvais jours. »

Ainsi se termina cette belle cérémonie, prélude et point de départ des nouvelles lignes concédées à la Compagnie de l'Ouest-Algérien, dont le réseau toujours grandissant ne s'arrêtera point, suivant toute probabilité, avant la complète réalisation du programme énoncé par le général Chanzy.

Le conseil d'administration de la Compagnie, voulant témoigner sa haute satisfaction à son jeune secrétaire général, fit suivre l'inauguration de sa première ligne d'un post-scriptum en date du 20 Juin 1877, portant son traitement de 6.000 fr. à 10.000 fr. dont 2.000 pour frais de séjour à Paris. Il avait alors deux ans de service et vingt-six ans d'âge.

A partir de cette date, le séjour d'Henri de Lassus en Algérie ne fut plus permanent. Il partagea son temps entre Paris et Alger, faisant le trajet d'un continent à l'autre avec autant de facilité et aussi peu de fatigue qu'autrefois entre Paris et Toulouse, reprenant au besoin son métier d'explorateur et de chef de caravane pour l'établissement des lignes nouvelles, et tenant fidèlement la promesse qu'il avait faite dans son discours de Sidi-bel-Abbès, de garder, en le méritant, son droit de cité dans cette grande colonie africaine.

Voici en effet ce que je retrouve dans une lettre de nouvel an datée de Sidi-bel-Abbès, le 26 Décembre 1878.

....« Depuis mon retour en Algérie, j'ai été presque constamment en route. Je vais maintenant camper dans les Hauts Plateaux pendant deux ou trois semaines. Heureusement, le temps est magnifique : nous avons eu de la pluie, de la neige même. Mais depuis huit jours, les champs se remplissent de verdure, et l'air qu'on respire ressemble au souffle de nos printemps. »

On sent par ces quelques lignes que son cœur est plus léger, son esprit plus libre et joyeux. Ce n'est plus un exilé, c'est un voyageur qui se livre sans arrière-pensée au charme de la belle nature. Il est vrai qu'alors l'Algérie avait acquis un nouveau titre à sa gratitude et à son amour, et il entrevoyait déjà, sans oser l'espérer tout à fait, qu'un attrait plus doux et plus puissant que celui d'un devoir professionnel l'y rappellerait dans l'avenir bien au delà de ses premières prévisions.

C'était dix-huit mois environ après son arrivée en Afrique. Dieu qui tisse la trame du temps par la succession des jours et des nuits, et la trame de la vie humaine par des alternatives de joies et de souffrances, envoya presque simultanément à Henri, après une série d'épreuves, un guide pour sa vie spirituelle, et une famille amie pour sa consolation temporelle.

L'ami spirituel était un jeune moine de l'Ordre de Saint-Dominique, digne fils du P. Lacordaire, auquel il ressemblait par la noblesse de l'attitude, la lumineuse profondeur du regard, la foi vibrante, l'éloquence persuasive et la passion de la liberté. Sa santé, altérée prématurément par l'excès du travail, de la méditation, du zèle apostolique, l'avait exilé loin de son noviciat sur la rive africaine, où il se reposait dans la prière et la contemplation de ces deux grandes œuvres de Dieu, la mer avec ses vagues, montagnes mouvantes, et le désert avec sa ligne lointaine de montagnes, vagues immobiles d'un Océan de sable.

Comment Henri le connut-il, je l'ignore. Mais je sais que, du premier coup d'œil, ils se reconnurent et s'aimèrent comme les fils d'une même famille et d'une même destinée, la famille et la destinée des êtres supérieurs aux vulgarités de la terre. C'est par Henri que je le connus à mon tour et voici en quels termes il me le présenta dans la lettre où il me parlait de lui pour la première fois : « J'ai ici un ami en qui la Providence a réuni le cœur et la sainteté dans un degré rare. C'est le Père Vallée de l'Ordre des Dominicains. »

Je le trouvai tel qu'il me l'annonçait. Je suivis les Conférences théologiques qu'il donnait alors au Cercle catholique du Luxembourg sur les premières paroles de l'Évangile de saint Jean : *In principio erat Verbum.* « Au commencement était le Verbe, et le Verbe était en Dieu, et le Verbe était Dieu. » Je crus entendre le Père Lacordaire, avec moins d'éclairs, plus de mysticité et une égale sublimité d'expression.

Henri puisa dans son intimité une sûreté de doctrine, une élévation du sens chrétien, une solidité de foi inébranlable et c'est pourquoi je puis dire que le fils de Lacordaire fut son plus grand, son plus cher ami devant Dieu.

Avec cet ami unique, Dieu envoya à son jeune serviteur un foyer chrétien qui put consoler son âme de l'absence du foyer familial.

C'était aux environs d'Alger, par une de ces journées d'automne d'une merveilleuse limpidité sous le ciel algérien, non loin des rives de la Méditerranée. La date précise était restée gravée dans le cœur d'Henri, le 27 Octobre 1876. Une famille d'une parfaite distinction, liée avec la sienne, alors qu'il était encore enfant, et depuis séparée par la loi capricieuse des carrières, venait de se réinstaller en Algérie après un deuil très cruel et une longue absence. Dès qu'il apprit le retour de ses anciens amis dans leur villa restée vide pendant des années, il crut convenable de leur faire une visite de condoléances, se présenta lui-même en toute simplicité et fut reçu avec une aimable cordialité. La famille ne se composait que de trois personnes : le père, la mère et une jeune fille de dix-huit ans.

Ne faisant pas d'ordinaire de longs séjours à Alger, il était venu les voir avec l'intention de se borner à cette démarche de politesse, décidé à ne pas accepter de dîner si on l'y invitait. — Et deux jours après, lui qui savait si bien prendre une résolution et la tenir, il revenait, moins pour répondre à une gracieuse parole, que pour suivre un attrait invincible plus fort que sa volonté.

Cet attrait d'ailleurs était si naturel, il s'expliquait si bien par leurs anciennes relations de familles, par la simplicité bienveillante de ses hôtes, par son isolement et ses rapides séjours à Alger, qu'il s'y livra sans réserve et qu'il fut accueilli de même. Le site et le caractère de la villa eussent suffi à l'attirer par leur charme poétique et leur aspect oriental.

C'était une vraie maison mauresque, aux murs blancs tapissés de fleurs, avec une cour intérieure à galerie et légères arcades, puis une autre cour à colonnes, autour de laquelle s'étendait une vigne et fleurissaient des rosiers. Perdue au milieu des collines boisées et des chemins creux et verts du Sahel d'Alger, l'habitation avait de belles échappées de vue sur l'horizon, et tout à côté, une exploitation agricole ajoutait au charme lointain du désert africain et des rivages de la mer, l'apparence des belles plaines de l'Italie et de la France. Comment Henri, amateur passionné des jardins et des fleurs, n'eût-il pas été séduit par le charme tranquille, la paix délicieuse de cette oasis posée par la main du bon Dieu à la porte de ce désert d'hommes qu'on appelle Alger?

Pour achever de le séduire, la musique, son premier et constant amour, n'était pas une étrangère dans cette demeure exquise, et chaque fois qu'il en franchissait le seuil, il y retrouvait ou y appelait ses auteurs favoris.

— Schumann et Mendelssohn, Rubeinsten et Chopin, Schubert et le divin Mozart, évoqués par lui, réveillaient les échos endormis de cette douce solitude et leurs mélodies célestes allaient par les fenêtres ouvertes se répandre sous les ombrages comme une volée de rossignols.

Peu à peu, à chacune de ses stations à Alger, séparées par d'assez longues absences, il se prenait à se croire, à se sentir en famille parmi ces aimables hôtes. Il ne les quittait jamais sans peine, il les retrouvait toujours avec un plus grand bonheur. Les causeries intimes s'étaient mises de la partie : on évoquait les souvenirs communs du passé, les tristesses et les consolations du présent, et Henri se laissait aller sans arrière pensée à la douceur toujours nouvelle de cette vie presque familiale.

Il en était de même de ses hôtes. Pendant les dix-huit mois que dura cette intimité, rien dans leur attitude, dans leurs paroles, dans leur manière d'être avec lui, ne révéla la moindre préoccupation, la plus lointaine idée d'une alliance à venir. Ils ne purent même recevoir ses adieux. Quand les circonstances les rappelèrent à Paris et fermèrent la villa pour un temps indéterminé, Henri était en excursion lointaine et n'apprit leur départ qu'à son retour. C'est alors seulement, d'après ce qu'il me confia plus tard, qu'il sentit, au vide de son cœur, qu'il l'avait donné pour toujours, et qu'il n'existait plus de bonheur pour lui en dehors d'une union qui ne se ferait peut-être jamais.

Par une force héroïque puisée dans son filial abandon à la volonté divine, il attendit silencieusement le secours de celui-là seul qui dispose des événements et des volontés. L'heure de Dieu sonna enfin; et trois ans plus tard, les parents de la jeune fille, avertis par un ami commun des sentiments d'Henri, trouvant d'ailleurs dans sa situation agrandie ce qu'ils étaient en droit d'attendre pour leur fille, accordèrent à son amour la main de leur chère et unique enfant.

Henri, rappelé définitivement d'Algérie un an après l'ouverture de la ligne du Tlélat à Sidi-bel-Abbès, pour exercer à Paris ses fonctions de secrétaire général, ne tarda point à y être renvoyé en mission, avec M. Peytel, administrateur délégué de la Compagnie, pour s'occuper des questions techniques et réorganiser les services de l'exploitation agrandie par la construction de lignes nouvelles. C'était en 1879. Il déploya dans cette tâche des qualités si diverses de jugement, de fermeté, de largeur de vues et de précision, un tel don de gouvernement, que M. Peytel lui voua dès lors une estime et une confiance sans limites. Longtemps après, il me parlait de ce jeune homme extraordinaire avec une émotion, j'oserais dire une admiration aussi rares que touchantes dans la bouche d'un haut administrateur, habitué au maniement des grandes affaires où le sentiment ne tient et ne peut tenir beaucoup de place. Je reconnus là, une fois de plus, cet ascendant exercé par Henri de Lassus, sur les esprits élevés qui l'approchaient et saluaient en lui une nature absolument supérieure.

Ce sentiment, partagé par tous les administrateurs de la Compagnie, se manifesta plus tard par des actes et dans des conditions sur lesquels il me sera doux de revenir.

De ce moment jusqu'en 1889, Henri de Lassus ne fit plus en Algérie que de courtes apparitions, motivées par les exigences de ses fonctions et aussi par les souvenirs intimes qui le rattachaient à cette *seconde patrie*.

Une carrière, un ami, une compagne bien-aimée de sa vie : ces trois trésors valaient bien qu'il lui donnât ce doux nom.

Mais avant que le dernier de ces bienfaits fût assuré, un an à peine après la mission en Algérie que je viens de rappeler, surgit un événement inattendu qui jeta son nom dans le domaine public, et qui aurait pu compromettre à la fois sa carrière et ses rêves de bonheur, si, au lieu d'âmes d'élite il avait eu affaire à des âmes vulgaires.

CHAPITRE VI

EXPULSION DE RELIGIEUX. — LE TRIBUNAL, LA COUR D'APPEL,
LA PRISON

En France, depuis la Révolution, plus que partout
ailleurs, et qu'à toute autre époque, l'histoire se
recommence avec une telle régularité dans le désordre,
une telle exactitude d'imitation dans l'anarchie, qu'on
ne peut rappeler certains faits sans paraître soutenir
une thèse ou un parti politique.

Ayant la prétention, ou pour mieux dire, m'étant
imposé le devoir de mettre toute intention politique de
côté dans cette biographie, si intime que j'ai pu l'appeler l'histoire d'une âme, je proteste d'avance
contre ce reproche, s'il m'était adressé. Je ne cherche
qu'une chose dans ce chapitre comme dans les autres :
raconter les faits avec exactitude et les juger sans autre
passion que celle de la vérité.

J'oublie donc l'état du monde politique et religieux
en cette fin de siècle troublée, et cela dit, je commence
le récit du procès fait à Henri de Lassus, en novembre
1880, à l'occasion de l'expulsion des Dominicains de la
rue Jean de Beauvais, conformément aux décrets du 29
mars précédent.

Je n'ai pas à rappeler les circonstances dans lesquelles
ces décrets furent rendus, l'émotion des âmes chrétiennes
quand ils furent édictés, les protestations qu'ils sou-

levèrent quand ils furent appliqués pour la première fois à Paris et dans le reste de la France. C'était en juin 1880; comme toujours, on commença par les Jésuites.

Les catholiques en vue, sénateurs, députés, anciens ministres, sans distinction d'opinions politiques, avaient tenu à honneur d'assister les Pères, au moment de la violation de leur domicile, d'attendre avec eux, chez eux, l'accomplissement des effractions administratives, et de protéger leur sortie contre les dangers de la rue : précaution bien inutile, car l'humilité des Saints Religieux eut seule à souffrir des témoignages de respect et de douloureuse sympathie des assistants.

Les tribunaux devant lesquels furent traduits les manifestants du dehors, petites gens pour la plupart, avaient été éléments à cette époque. A Paris, la 9e Chambre ne prononça que des amendes légères. Il en fût de même en province; en beaucoup d'endroits, acquittement; ailleurs, condamnations à des amendes variant de 15 à 100 francs ; pas un seul jour de prison. Et pourtant le vocabulaire des prévenus était émaillé des mots que voici : canailles, galériens, vidangeurs, lâches, crocheteurs, etc. En vérité, c'était pour rien.

En novembre suivant, c'est-à-dire cinq mois après, les esprits étaient encore plus montés de part et d'autre. D'un côté, la douleur s'exaspérait par l'indignation de cette récidive; de l'autre, les exécuteurs des décrets affectaient des allures provocantes. Le grand nom du Père Lacordaire, ses opinions hardies, libérales et démocratiques, gardaient son Ordre, rétabli par lui en France, de l'injuste impopularité de la Compagnie de Jésus, impopularité qui faisait partie du glorieux héritage de saint Ignace, son Fondateur. Le Gouvernement devait donc s'attendre à un plus dangereux mouvement d'opinion en faveur des Fils de Saint-Dominique, et le Préfet de police avait pris ses mesures, donné ses ordres, choisi son personnel en conséquence.

Henri de Lassus, absorbé par le travail multiple et continu que lui imposaient ses fonctions de Secrétaire Général de la Compagnie de l'Ouest-Algérien, ne s'occupait pas de politique, et se contentait d'estimer, d'aimer, ce qui lui semblait digne d'estime et d'affection dans les hommes et les actes publics. Malgré ses convictions libérales et religieuses, il est probable qu'il n'eût pas songé à jouer un rôle actif dans l'application aux Dominicains des décrets de 1880, si son dévouement absolu, fait de confiance, de gratitude et d'admiration, pour le Père Vallée, ne lui en avait imposé le devoir.

Le Père Vallée, revenu d'Alger à peu près en même temps que lui, résidait au couvent de la rue Jean de Beauvais, et du jour où l'expulsion des Religieux fut décidée, Henri lui aussi décida dans son esprit et dans sa volonté, qu'il serait là, pour assister coûte que coûte, son vénérable ami. Je ne crois pas, le connaissant, qu'il ait consulté qui que ce soit en cette grave circonstance, où ses intérêts les plus chers pouvaient être compromis. Il voulut, vis-à-vis de lui-même et des autres, garder l'entière responsabilité de sa résolution.

Du reste, lui-même a expliqué sa conduite, les motifs de sa décision, raconté la scène de l'expulsion des Religieux, dans une sorte de mémoire rédigé au courant de la plume pour son avocat, entre son arrestation et son

jugement. Ces quelques pages, qui disent tout en peu
de mots, où il entr'ouvre son cœur sans l'épancher,
m'ont semblé avoir leur place marquée dans cette biographie, dont le but est de le faire revivre pour ses
enfants et ses amis, de le révéler à ces autres amis
inconnus pour lesquels le spectacle d'une belle âme est
une des plus pures jouissances de ce monde.

Voici cette relation tout entière, sauf le préambule
sur ses ancêtres et ses antécédents, que j'ai cité au
début de mon récit.

« Ne partageant pas les opinions du gouvernement
actuel, je me suis abstenu d'entrer dans aucune carrière
publique. Je me suis toujours tenu à l'écart des partis
politiques. Assurément, je ne prétends pas être sans
convictions ni espérances à cet égard, c'est mon droit
d'en avoir. Mais, loin de rechercher l'occasion de me
mêler à l'action politique, j'ai constamment évité de le
faire. Je ne me suis inquiété, jusqu'à ce jour, que de
travailler et de vivre en honnête homme.

« Je suis chrétien de conviction et de pratique. Parmi
les représentants du catholicisme contemporain, toutes
mes sympathies sont pour l'école du Père Lacordaire et
de M. de Montalembert. Je suis profondément et sincèrement respectueux de la liberté de conscience dans
toutes ses manifestations.

« J'ai connu pour la première fois le Père Vallée en
Algérie, où il était venu pour se soigner. Je n'ai pas
cessé, depuis lors, d'entretenir avec lui des relations
étroites d'amitié. C'est un des hommes auxquels je
dois le plus et que j'aime le mieux. Je ne me consolerais

pas de ne pas m'être associé à lui, dans les circonstances douloureuses que traverse son Ordre.

« Je regarde l'exécution des décrets du 29 Mars comme une illégalité au point de vue du droit; comme un acte odieux au point de vue moral et religieux; comme un malheur public au point de vue politique.

« Lorsqu'il est devenu notoire que ces décrets allaient être appliqués au couvent des Dominicains de la rue Jean de Beauvais, je me suis rendu auprès du Père Vallée, pour l'assister comme ami et comme témoin, pour protéger sa sécurité personnelle au milieu de la foule, si cela devenait nécessaire à la sortie du couvent.

« Les commissaires de police se sont présentés au couvent de Jean de Beauvais, le 5 Novembre, *avant* six heures du matin.

« Habillé à la hâte, je me suis rendu dans la cellule du Père Vallée; M. Cochin devait d'abord assister le Père Lagrange; mais celui-ci étant désigné au dernier moment comme un de ceux qui devaient être laissés à la garde de l'immeuble après l'expulsion, M. Cochin est venu me rejoindre dans la cellule du Père Vallée.

« De la fenêtre de la cellule, qui donne sur le jardin et sur le cloître, nous entendions distinctement les coups de hache donnés à la porte d'entrée. Elle cède, et nous voyons des pompiers, tenant des torches allumées, se répandre dans le cloître. Plusieurs portes sont successivement enfoncées avec fracas, dans le cloître, dans la chapelle, dans les corridors. Des fenêtres des maisons voisines, subitement éclairées, partent des cris de : « Vive la liberté! Vive les Dominicains! A bas les cro- « cheteurs! »

« La cloche de la chapelle ne cesse de sonner le tocsin, que lorsque le Frère qui la sonnait est lui-même appréhendé au corps. Il est inutile de dépeindre les sentiments qui nous étreignaient pendant cette scène. Révolté de l'hypocrisie de cette force brutale, osant se prévaloir d'un simulacre de formes légales, je voulus que la violence employée envers nous ne fût pas équivoque, et que l'on fût obligé de briser la porte de la cellule, si l'on voulait entrer.

« C'est dans cette pensée que je plaçai contre la porte deux chaises en bois, deux ou trois bûches et un chenêt, et que je me tins moi-même, la main droite à la clé de la serrure, pour empêcher le crochetage, la main gauche pour résister à la pression. Je ne suis du reste nullement incriminé pour ce fait, dont l'instruction ne parle pas.

« Arrivé à notre cellule, le commissaire de police dit brièvement et d'une voix plutôt basse : « Je suis com- « missaire de police ; au nom de la loi, ouvrez. » — « Que voulez-vous ? Que venez-vous faire ? » répondit d'une voix forte et à plusieurs reprises le Père Vallée. (*Point de réponse.*) Des coups violents sont portés, la serrure est brisée, la porte entr'ouverte à son extrémité supérieure. Mais l'échafaudage des deux chaises résistait encore dans le bas. Un temps d'arrêt se produit dans l'agression, pendant lequel je referme complètement la porte. Des instruments et des coups plus violents sont alors employés ; la porte cède, et par l'ouverture pratiquée, un pompier arrive sur moi, avec l'élan d'un soldat qui monte à l'assaut. Je romps vivement jusqu'au fond de la cellule, et je me trouve debout auprès de M. Cochin, le Père Vallée étant assis à sa place habituelle, derrière une table.

« Mon dessein, une fois la porte enfoncée, n'était ni d'opposer la force à la force, ni de me faire arrêter, car je tenais au contraire essentiellement, ainsi que je l'ai dit, à pouvoir accompagner le Père Vallée à la sortie du couvent. Je puis ajouter ce détail singulier, que, pendant les jours qui ont précédé l'expulsion, au milieu de camarades agités de sentiments de la plus vive indignation, M. Cochin et moi, nous nous étions faits les apôtres constants de la modération et du calme, insistant sur l'intérêt majeur qu'il y avait à pouvoir accompagner les Pères dans la rue. Si plusieurs de nos camarades, qui dans leurs protestations, ont employé souvent des expressions plus violentes et beaucoup plus grossières que les nôtres, n'ont pas été arrêtés comme nous, je ne puis l'attribuer qu'à l'exaspération et au trouble évidents produits sur les commissaires de police par la résistance relative de la porte de notre cellule. Leurs instructions paraissaient être *d'aller vite à tout prix*.

« La porte enfoncée, un flot d'agents, deux commissaires de police en écharpe, se précipitent et remplissent la cellule. Le Père Jouin, prieur du couvent, entre avec eux. Injonction est faite au Père Vallée d'avoir à sortir ; il demande en vertu de quel droit, pour quel délit, réclame un mandat de justice, proteste... Pour toute réponse, le commissaire de police dit : « J'ai signifié les « décrets à votre Supérieur, » et il donne l'ordre aux agents de le faire sortir. Au moment où ces agents portent la main sur le Père Vallée, M. Cochin et moi, d'une voix unanime, joignons notre protestation à la sienne. Mais nous n'avons pas encore prononcé deux syllabes que le commissaire nous interrompt avec un geste menaçant, en s'écriant : « Messieurs, n'aggravez « pas votre situation ! » Puis il m'intime l'ordre de sortir. Je lui réponds que je suis chez le propriétaire de l'immeuble, que les décrets, fussent-ils légaux, ne s'appliquent pas à moi qui suis laïque, que j'ai le droit de rester où je suis et que je n'en sortirai que par la force. Ordre est immédiatement donné à deux agents de m'expulser.

« Je proteste auprès du commissaire de police, et je prononce vivement quelques phrases que je ne me rappelle plus exactement, mais dont la dernière finissait par ces mots : « Songez, Messieurs, à votre conscience. » M. Cochin ajoute : « Et à vos enfants qui auront un « jour à rougir de votre nom. » Le commissaire de police ne saisissant pas le changement de voix, croyant que c'est toujours moi qui parle, s'avance vers moi : « Vous dites, Monsieur, que mes enfants auront à rou- « gir de moi? » — « Oui, Monsieur ! » — « Arrêtez-moi « cet homme ! » M. Cochin intervient alors et dit : « Mais « c'est moi qu'il faut arrêter, car c'est moi qui ai pro- « noncé ces paroles. » Je réponds : « S'il en est ainsi, « je m'y associe, et je les répète. » — « Eh bien, dit le « commissaire, ça en fera deux au lieu d'un. »

« M. Cochin, poussé par le désir de revendiquer sa responsabilité, se porte pour ainsi dire au devant des agents qui l'arrêtent, et sort le premier de la cellule. Resté après lui, j'exige que la force soit effectivement constatée sur moi, et je ne sors que poussé par les agents qui m'empoignent. Je suis ainsi conduit au commissariat de police le plus voisin, boulevard Saint-Germain. Il pouvait être de sept heures à sept heures et demie.

« On m'interroge, je fais ma déposition. Puis, j'attends pendant une heure environ, pour savoir si je suis maintenu ou non en état d'arrestation. Au bout de ce temps, l'on me fait passer dans un cabinet voisin, où je trouve un autre commissaire qui me dit (était-ce raillerie, je ne sais) : « Le Préfet de police veut vous « voir; il vous attend dans son cabinet. Voulez-vous « prendre une voiture? » Je réponds que si l'on me consulte, je préfère aller à pied. Je suis alors conduit par les mêmes agents, non pas chez le Préfet de police, mais tout simplement au Dépôt, où je suis écroué, et où je m'assieds sur le même banc que les malfaiteurs de tout ordre arrêtés le matin dans Paris.

« On me fouille, on me fait déposer les objets que j'ai sur moi; on m'oblige à ôter mes chaussures, pour s'assurer que je n'y cache rien, puis on m'enferme, avec MM. Cochin et Brunet, dans une cellule, où nous sommes bientôt rejoints par MM. Teste et Vial. Il pouvait être de huit heures et demie à neuf heures du matin. Je puis écrire au dehors, moyennant que mes lettres seront ouvertes, mais je ne puis communiquer directement avec personne. Mon frère sollicite vainement l'autorisation de me voir.

« Dans la soirée, le Procureur de la République vient nous visiter et s'informe bienveillamment si l'on nous donne toutes les facilités compatibles avec le règlement. « Nous traversons des circonstances malheureuses, « dit-il, prenez courage. »

« Le lendemain, 6 Novembre, vers onze heures et demie, on nous annonce que nous allons être enfin interrogés par un magistrat instructeur. Nous espérions un juge d'instruction, mais c'est à la porte du cabinet d'un substitut du Procureur de la République que l'on nous conduit. Nous sommes une quinzaine à passer les uns après les autres. M. Cochin est interrogé plus d'une heure avant moi ; j'ai su, depuis, que le substitut tout en maintenant la prévention à son égard, n'avait fait aucune difficulté de lui accorder sa liberté provisoire. Quant à moi, lorsque mon interrogatoire terminé, je demande la même faveur : « Je ne vous l'accorde qu'à « une condition, dit le magistrat, c'est que vous vous « engagerez à vous laisser juger aujourd'hui en police « correctionnelle, où l'on va vous conduire. — Vous « m'entendez, ajouta-t-il, quel que soit le résultat du « jugement, et vous condamnât-il à la prison, vous cou- « cheriez ce soir chez vous. »

« Je réponds qu'il m'est impossible d'accepter cette condition, car j'ai besoin de conférer avec un avocat et de citer des témoins. Je suis alors conduit par un garde de Paris (qui me passe au poignet droit les espèces de menottes, appelées, paraît-il, le cabriolet), jusqu'à la huitième chambre, où je prends place au banc des prévenus.

« Quand mon tour vient, je demande au tribunal la remise de mon affaire à trois jours, et ma mise en liberté provisoire. Un débat fort animé avait déjà eu lieu à ce sujet pour d'autres prévenus. MM. Amelot et de Bois-Hébert, entre le président et les avocats présents à la barre. Après en avoir délibéré, le tribunal avait décidé que notre mise en liberté ne pourrait nous être accordée que sur requête. Le Président, me rappelant cette décision, me demande si j'ai un avocat qui puisse présenter ma requête en mon nom. Un d'eux présent veut bien me prêter spontanément son ministère; la requête est présentée, en chambre du Conseil, et j'apprends enfin, à l'issue de l'audience, que je suis provisoirement libre, et que mon affaire, dont j'avais demandé la remise à trois jours, est remise à huitaine.

« Ramené au Dépôt, cette fois sans cabriolet, j'en sors un quart d'heure plus tard. Il était six heures du soir. Ma détention préventive avait donc duré environ trente-cinq heures.

« Je lis dans l'*Intransigeant* d'aujourd'hui, 10 Novembre, que MM. Humbert et autres, arrêtés pour cris séditieux et injures aux agents à une heure de l'après-midi, lors de l'arrivée de Louise Michel à la gare Saint-Lazare, ont été plus heureux que moi : on les a relâchés le même jour à cinq heures. »

Ce rapprochement sans commentaire entre des délits si semblables et des traitements si divers, est la seule réflexion que se soit permise Henri de Lassus à la fin de son récit : protestation bien discrète, si l'on compare le Père Vallée à Louise Michel, M. Humbert et ses compagnons à MM. de Lassus et Cochin.

J'imiterai la discrétion de mon héros en n'insistant pas sur les suites diverses données aux deux affaires.

Mis en liberté provisoire, Henri reprit tranquillement son travail interrompu de Secrétaire Général de l'Ouest-

Algérien, et laissa son avocat, M⁰ Carraby, préparer sa
défense.

Huit jours après, le 13 Novembre, il comparut avec
son compagnon d'infortune ou d'honneur devant la
huitième chambre correctionnelle ; leurs affaires étaient
si connexes, puisqu'ils se disputaient l'un à l'autre la
responsabilité du délit, que le tribunal accepta de les
juger ensemble. Curieuse résurrection, à dix-huit
siècles de distance, des immortels amis de « l'Énéide, »
Nisus et Euryale : *Me, me, adsum qui feci! in me con-
vertite ferrum.*

Je n'entrerai pas dans le détail de l'audience, elle fut
solennelle, émouvante, et se poursuivit pendant plusieurs heures devant un auditoire d'élite. C'était le
public des grandes affaires. Les représentants de la
presse, de la politique, de la magistrature, de la haute
société, du clergé séculier et régulier, s'y coudoyaient
avec MM. de Bois-Hébert, Amelot de la Roussille, de la
Brière, qui, arrêtés et poursuivis pour la même cause,
assistaient au jugement de leurs co-prévenus en attendant leur tour.

Parmi les témoins cités par la défense, M. Buffet
émut particulièrement l'auditoire par quelques paroles
d'une indignation contenue, qui résumaient les faits,
détruisaient l'accusation et justifiaient les prévenus,
avec une autorité et un accent vraiment magistral.

« J'ai eu, dit-il, l'honneur de passer la nuit du jeudi
au vendredi de la semaine dernière, comme les trois
nuits précédentes, dans la maison occupée rue Jean de
Beauvais par les Pères Dominicains. A six heures
moins quelques minutes, j'ai été réveillé. Je suis des-

cendu dans le parloir, et au moment où j'y arrivais, la porte avait déjà été défoncée, brisée à coups de hache, et les commissaires de police, ainsi que d'autres agents de la force publique, étaient déjà dans le cloître. Je crois pouvoir dire au tribunal que ce spectacle, le spectacle de cette entrée, avec effraction de nuit, dans une maison habitée, — chez des hommes qui, non seulement ne sont point des malfaiteurs, auxquels on ne reproche aucun délit, mais qui sont entourés de la vénération et de la reconnaissance de tous les catholiques, de tous les honnêtes gens sans exception, — m'a inspiré un sentiment d'indignation et de honte qui était bien de nature à ôter quelque peu le sang-froid à des hommes plus jeunes, peut-être encore plus impressionnables que moi. » — Et après avoir rappelé qu'il fut lui-même expulsé du cloître par la force, il termina par cette réflexion saisissante : « En sortant, et en examinant la physionomie de quelques-uns des agents qui m'expulsaient, je me suis dit que peut-être plusieurs d'entre eux se tenaient en eux-mêmes mentalement le propos reproché à M. Cochin et à M. de Lassus. »

C'est bien là le langage de l'orateur chrétien, tel qu'il a été défini pour toujours par cette grande maxime romaine : *Vir bonus dicendi peritus*, — un honnête homme habile à bien dire.

C'est aussi le résumé de la cause, et la justification même des prévenus. Après ces paroles, prononcées par une telle bouche, les deux Henri étaient moralement acquittés et vainqueurs.

Rien n'est touchant, dans le déroulement de ce procès, comme l'insistance passionnée de chacun de ces braves jeunes gens à s'accuser pour excuser son complice, à accentuer, jusqu'à compromettre gravement leur situation, leur volonté réfléchie d'adresser aux commissaires de police cette menace d'infamie : « Pensez à vos enfants, qui auront un jour à rougir de leur nom. »

Il faut bien le dire, ce n'était pas là une vaine parade, et s'il se fût agi d'un jeu, l'un et l'autre jouaient une grosse partie. L'article 222 du Code pénal punit l'outrage à un magistrat de l'Ordre administratif ou judiciaire d'un emprisonnement de quinze jours à deux ans. De quinze jours à deux ans, la marge est grande, et le juge, devant Dieu, s'il y croit, s'il n'y croit pas, devant sa conscience, a le droit absolu de choisir entre la peine minime de quelques jours de prison et le châtiment redoutable de deux années! Il peut poser ses doigts souverains sur toutes les touches blanches ou noires de ce clavier, et en tirer à son gré une note légère, ou terriblement lourde.

En entendant le Ministère public, à la fin de son réquisitoire, réclamer contre eux l'application rigoureuse de la loi, les deux prévenus pouvaient donc craindre une condamnation sévère, et ils avaient quelque mérite à maintenir, en l'aggravant par une affirmation nouvelle, la leçon de justice et d'honneur qu'ils avaient cru devoir donner aux exécuteurs d'ordres illégaux à leurs yeux, et à coup sûr illégitimes.

C'est ce qu'ils firent jusqu'au bout, devant le tribunal correctionnel comme devant la Cour d'appel, et voici, entre autres paroles, avec quelle fermeté et quelle élévation de langage Henri de Lassus (je ne dois parler que de lui) s'exprimait en première instance, presque au début de l'audience.

« J'étais venu dans le couvent des Dominicains pour assister un de mes amis les plus chers, les plus respectés, le Père Vallée, pour être témoin des actes dont il était menacé ; et je tenais aussi à l'accompagner à la sortie du couvent, pour le cas où une scène tumultueuse se serait produite. Vous avez entendu les faits ; je n'y reviendrai pas. Je veux seulement préciser mes intentions. S'il m'était arrivé, dans un mouvement de colère légitime, d'adresser un outrage à un agent disciplinaire, à un agent d'obéissance passive, je pourrais le regretter aujourd'hui. Mais ce n'est pas ce que j'ai fait. Je me suis borné à qualifier suivant ma conscience, des actes que je regarde, avec beaucoup de gens en France... « comme illégaux ? » interrompt le Président. « Oui, reprend Henri de Lassus, comme illégaux et attentatoires à la liberté de mon ami et à la mienne. J'ai voulu appeler l'attention du commissaire qui nous expulsait, sur les responsabilités pénales et morales qu'il encourait. Je crois à la solidarité de la famille, et je pense, que lorsque la lumière et le calme se seront faits dans l'opinion publique, les exécuteurs de l'expulsion des Religieux n'y auront rien gagné en considération. »

Et comme le Président du Tribunal lui reprochait d'oublier les arrêts de la Cour de Cassation, le jeune prévenu riposta avec sa tranquille fermeté : « Je vous prie de croire, Monsieur le Président, que je ne le cède à personne en respect pour la Cour de Cassation. Mais je conserve la conviction qu'en exprimant des sentiments que me dictait ma conscience, je n'ai manqué à aucune loi française. »

Ces paroles firent une vive impression sur l'auditoire, et voici à ce sujet une anecdote significative, racontée par M. de la Brière.

Un confrère en journalisme très avancé d'opinions, était venu s'asseoir à côté de lui, et sans savoir à qui il s'adressait, lui avait dit en parlant des prévenus et de leurs amis : « Je les connais, ces Messieurs; un tas de gommeux et de fruits secs. » M. de la Brière, ne voulant pas entamer une discussion, avait répondu quelques mots d'un ton bref qui mit fin à l'entretien. Mais quand Henri de Lassus se rassit après les paroles que je viens de rapporter, le journaliste, se tournant vers son voisin, lui dit avec vivacité : « Ah! pour celui-là par exemple, je retire ce que j'ai dit. »

On passa au réquisitoire du Ministère public, suivi des plaidoiries éloquentes et chaleureuses de M. Chopin d'Arnouville et de M. Carraby, et après une heure de délibération, le Président donna lecture du jugement dont je ne citerai que deux considérants et le dispositif.

.....« Attendu que le propos adressé par Cochin à Cotton d'Englesqueville : « Vos enfants auront un jour « à rougir de vous » constitue évidemment l'outrage par paroles, tendant à inculper l'honneur et la délicatesse, prévu par l'article 222 du Code pénal;

« Attendu, en ce qui touche de Lassus, que s'il n'a pas lui-même tenu le propos ci-dessus, il a déclaré s'y associer et le répéter; qu'il a donc également commis un outrage envers un magistrat de l'ordre administratif dans l'exercice de ses fonctions ; que, toutefois, il doit, dans l'application de la peine, lui être tenu compte de ce qu'il s'est borné, sur l'interpellation du Commissaire de police, à se faire l'écho du propos tenu par Cochin, délit prévu par l'article 222 du Code pénal ;

« Condamne Cochin à un mois d'emprisonnement, et de Lassus à quinze jours de la même peine ; les condamne en outre chacun à la moitié des dépens. »

Une longue agitation succéda à la lecture de ce jugement. On s'attendait généralement à une condamnation moins sévère, et si, par un respect de la magistrature encore subsistant à cette époque, l'assistance ne témoigna sa désapprobation aux juges que par son attitude et son silence, elle prit sa revanche en donnant au public qui attendait Messieurs Cochin et de Lassus à la sortie du Tribunal, le signal et l'exemple d'applaudissements et de manifestations sympathiques.

Perdue en première instance devant les juges, leur cause était gagnée devant tous les vrais amis de la justice, du courage et de la liberté.

Mais ce n'était pas assez pour eux ; il ne s'agissait pas de leur personne, mais de l'honneur, de la vérité, et ils n'hésitèrent pas un instant à en appeler de ce jugement, qui condamnait à une peine grave deux jeunes gens de réputation irréprochable, pour un propos plus intime que public, tenu dans une cellule, sans autres témoins que deux Religieux et quelques agents de police.

Cinq mois auparavant, dans des conditions plus favorables à l'accusation, la neuvième chambre du Tribunal correctionnel de Paris avait prononcé l'acquittement des prévenus. Henri de Lassus et son ami étaient en droit d'espérer que la Cour d'appel donnerait raison à la neuvième chambre contre la huitième qui les avait condamnés, et qu'elle les renverrait des fins de la plainte, par un arrêt précédé d'admonestations plus ou moins sévères à leur endroit, de consolations officielles pour les Agents d'exécution des Décrets.

L'affaire revint donc en justice le 23 Décembre 1880, et n'occupa qu'une audience, comme devant le Tribunal correctionnel, sous la présidence de M⁶ Manau.

Devant la Cour, Henri de Lassus prit la parole à deux reprises différentes, plus longuement que devant le Tribunal. Au risque de me répéter, je ne résiste pas à la tentation de reproduire presque intégralement ses observations. Si je ne me trompe, l'homme avec son indomptable volonté, son abnégation personnelle, son culte de l'honneur et de la justice, s'y manifeste aussi vivement que l'orateur de tempérament et de langue, pour lequel la parole est une arme, le discours une action.

Dès le début de l'audience, après avoir interrogé M. Cochin, le Président demande à Henri de Lassus s'il reconnaît l'exactitude des faits incriminés.

« Oui, M. le Président, répond le prévenu. Le jugement du Tribunal rapporte avec exactitude le propos spécial pour lequel nous avons été arrêtés et poursuivis. Je laisse à mon défenseur le soin de vous exposer les circonstances qui ont précédé et qui ont suivi. Je désire seulement expliquer en peu de mots à la Cour les motifs de ma conduite.

« J'étais auprès du Père Vallée lorsqu'on a enfoncé la

porte de sa cellule et qu'on a donné l'ordre de l'en expulser par la force. Au moment où les agents s'approchèrent de lui pour le saisir, M. Cochin et moi, nous avons joint notre protestation à la sienne. Mais nous avions à peine ouvert la bouche, que le Commissaire de police (dont j'ignorais encore le nom) s'est tourné vers nous et nous a crié d'un ton menaçant : « Messieurs, « n'aggravez pas votre situation ! » Il paraît qu'à ses yeux, avant que nous eussions rien dit, notre situation était déjà grave ; il paraît que c'était un commencement de culpabilité que de témoigner, par notre présence, de notre respect et de notre affection pour les religieux que l'on chassait. Je crois même que c'est le véritable délit pour lequel nous avons été arrêtés.

« Cependant, comme cette menace ne nous empêchait pas de continuer une protestation que nous croyions et que nous croyons encore légitime, M. Cotton prit mon nom, puis il me donna l'ordre de sortir. Je lui répondis : « Je suis chez le propriétaire de cette maison, j'ai le « droit d'y rester, et je n'ai pas à obéir à votre ordre. » En effet, je ne suis pas membre d'une Congrégation religieuse, et je ne vois pas sous quel prétexte un Commissaire de police pourrait se permettre de m'appliquer les décrets du 29 mars, par lesquels je n'étais nullement visé. Mais M. Cotton donna l'ordre de m'*enlever*, et c'est au moment où les agents procédèrent à cette besogne, que les paroles incriminées ont été prononcées. Notre expulsion s'est alors changée en arrestation.

« Je ne me défends pas assurément d'avoir ressenti et éprouvé, en présence de ces faits, la plus profonde indignation. Je les regarde, avec tant de gens en France, dans toutes les classes de la Société, avec tant de magistrats et de tribunaux, comme une atteinte à la liberté individuelle, une illégalité, et un odieux abus de la force, contre les hommes les plus respectables qu'il y ait dans notre pays. Je reste convaincu qu'en faisant entendre une protestation énergique, nous n'avons fait que notre devoir. C'est à un Commissaire de police, à un magistrat de l'ordre administratif que j'ai eu affaire, et je me suis borné à l'avertir des conséquences pénales et morales qu'aurait à mes yeux sa conduite. Je n'ai donc rien à regretter, et j'espère qu'un temps viendra où l'on trouvera que nous avons agi en bons citoyens.

« J'ajouterai deux observations sur les considérants et sur le dispositif du jugement qui nous a condamnés.

« Les juges de première instance paraissent avoir supposé que nous avions cherché à repousser la force par la force, car ils invoquent un arrêt de cassation, qui est relatif à des violences et à des voies de fait. C'est une erreur. Nous n'avons pas eu l'intention de repousser la force par la force; le caractère religieux de la maison dans laquelle nous recevions l'hospitalité nous l'interdisait absolument. Nous avons, il est vrai, refusé d'ouvrir la porte, et j'ai moi-même obligé les pompiers à la briser pour entrer. Il m'est facile d'expliquer le sentiment auquel j'ai obéi, en agissant ainsi. Au moment où l'on violait notre domicile, sans mandat de justice, sans nous signifier seulement le motif pour lequel on venait, sans daigner même répéter les sommations légales, j'ai voulu, j'avais le droit de vouloir, qu'il n'y eût pas d'équivoque ni d'hypocrisie possible sur la violence dont nous étions l'objet, et que la force apparût avec son véritable caractère de brutalité. Mais nous ne sommes pas allés plus loin, et j'espère qu'il paraîtra évident à tout le monde, que, si nous avions eu l'intention de repousser la force, nous nous y serions pris autrement que par des paroles.

« La seconde observation que j'ai à faire sur le jugement du Tribunal m'est exclusivement personnelle, quoiqu'elle se rapporte aux premières paroles qu'a prononcées tout à l'heure mon ami, M. Cochin. M. Cochin a tenu, par les paroles auxquelles je fais allusion, à revendiquer sa responsabilité. Je comprends le sentiment qui l'a inspiré, et je l'en remercie même; je respecte sa conscience, mais il me permettra de revendiquer aussi la liberté et la responsabilité de la mienne. Le Tribunal m'a condamné moins sévèrement que lui. Eh bien! Messieurs (et je prie la Cour de ne pas se méprendre sur ma pensée), j'avoue que cette inégalité m'a surpris et je ne saurais en admettre les motifs. Notre conduite, nos intentions ont été à ce point confondues, que plusieurs des témoins cités en première instance par le Ministère public ne savaient auquel de nous deux il fallait attribuer les paroles incriminées. Ces paroles, que M. Cochin a en effet prononcées le premier, j'y ai adhéré aussitôt, je les ai faites miennes, à un moment où, malgré la vivacité de notre indignation, je l'affirme, nous n'avions rien perdu de la liberté de notre esprit. J'y adhère de nouveau sans réserve, dans la plénitude de la réflexion et de la conscience.

« Et si je me permets d'attirer sur ce point votre attention, ce n'est pas assurément, je vous prie de le croire, par un sentiment d'ostentation ou de bravade :

une pensée pareille est fort éloignée de mon esprit ; elle
serait complètement opposée à mon caractère. Je dois
espérer, je dois penser que nous serons acquittés. Per-
suadé, comme je le suis, que nous n'avons fait que notre
devoir, je craindrais de manquer de respect à la Cour,
en manquant de confiance dans ma cause. Mais quel que
soit votre arrêt, j'espère que vous considérerez avec moi
que je vous devais la vérité tout entière. Je veux dire,
non seulement la vérité sur les faits, mais aussi la
vérité sur les intentions, et j'aurais eu honte d'accré-
diter par mon silence une erreur d'appréciation qui
tendrait à séparer la responsabilité de M. Cochin de la
mienne. »

Ces déclarations, faites avec un accent d'évidente
sincérité, une chaleur contenue, une liberté de langage
à la fois respectueuse et hardie, émurent profondément
l'auditoire, et les Membres de la Cour eux-mêmes, dans
leur impassibilité professionnelle, en parurent secrète-
ment touchés.

Vers la fin de la séance, un incident inattendu et
vraiment inouï, fut pour les deux prévenus, pour Henri
de Lassus en particulier, l'occasion d'une dernière et
saisissante protestation.

Devant le Tribunal de première instance, deux agents
les avaient accusés de cris injurieux, dont les commissaires de police n'avaient pas parlé ! Ils attestaient que
les mots de *crocheteurs* et de *voleurs* avaient été pronon-
cés dans la cellule du Père Vallée, et n'avaient pu être
proférés que par ses bruyants amis.

Sur l'énergique dénégation des inculpés, ces agents

se troublèrent, se contredirent, et, de guerre lasse, le Président, arrêtant la discussion, déclara que le Tribunal apprécierait. Le Tribunal apprécia en effet d'une façon péremptoire, par un dédaigneux silence. Ce nouveau chef de plainte n'est même pas indiqué dans le jugement.

Malgré ce silence des premiers juges et la dénégation des prévenus, l'Avocat général se permit de reprendre à son compte le fait incriminé, et dans son réquisitoire, il jeta, en passant, comme un fait établi, cette audacieuse affirmation : « Dans la cellule du Père Vallée, on entendait les cris de *crocheteurs*, de *voleurs*; je ne ferai pas au Père Vallée l'injure de croire qu'ils venaient de lui. Ces cris étaient proférés par M. Cochin et par M. de Lassus. »

On devine la surprise, l'indignation des prévenus, devant un pareil procédé. Le réquisitoire terminé, tous deux demandèrent la parole, qui leur fut accordée. M. Cochin se contenta d'une courte et dédaigneuse protestation.

« M. l'avocat général, dit-il, vient de contester la parole du Père Jouin et la mienne. Pour le Père Jouin, je n'ai rien à dire : je ne connais personne qui puisse douter d'une affirmation venant de lui. Pour ce qui me concerne, j'affirme que les cris de *crocheteurs* et de *voleurs* n'ont pas été poussés dans la cellule où nous nous trouvions. Je l'affirme sur l'honneur, comme je l'ai déjà fait devant le tribunal. »

Henri de Lassus se leva à son tour, frémissant, mais

dominant son émotion : l'orage ne grondait que dans son cœur, mais des éclairs jaillissaient de ses yeux.

« Est-ce pour une simple observation ? » demanda le Président.

« Oui, Monsieur le Président, je n'abuserai pas de la parole que vous voulez bien m'accorder, pour répliquer au réquisitoire que vous venez d'entendre, quels qu'aient été mes sentiments en l'écoutant. Mais je dois m'associer à l'observation de M. Cochin; comme lui, j'affirme sur l'honneur que les cris de *crocheteurs* et de *voleurs* n'ont pas été proférés par nous. »

Il s'arrêta un moment, puis se redressant avec un air d'autorité inexprimable, il changea de ton et s'écria d'une voix vibrante :

« Je me permettrai maintenant de me tourner vers M. l'avocat général et de lui dire : Vous nous avez imputé un fait que la prévention n'avait pas relevé; vous l'avez trouvé sans doute dans quelques mots incomplets des notes de l'audience du tribunal de première instance, mais vous n'assistiez pas à cette audience. Vous ne savez pas comment cette allégation a été produite, inopinément, par deux agents secondaires; vous n'avez pas vu leur attitude; vous ne savez pas qu'ils se sont contredits entre eux, et qu'enfin ils ont avoué qu'ils ne se rappelaient pas où ni par qui les cris avaient été poussés. Vous ignorez tout cela, et cependant vous venez d'affirmer tout à l'heure que c'étaient M. Cochin et moi qui les avions proférés. »

« Adressez-vous à la Cour, je vous prie, interrompt le Président, c'est plus convenable. »

« Monsieur le Président, réplique Henri de Lassus, j'ai eu l'honneur de porter la robe d'avocat devant la magistrature française : je connais le respect et la déférence que l'on doit aux magistrats; je n'y ai jamais manqué; je n'aurais pas besoin d'aller loin d'ici pour en trouver le témoignage. Et c'est à cause de ce respect même que je me tourne vers M. l'avocat général pour lui dire : Vous avez imputé un fait inexact à deux hommes d'honneur qui le nient; j'attends de vous que vous le rétractiez. »

Devant cette sommation de l'honneur indigné, tombée de la bouche d'un jeune homme de vingt-neuf ans qui paraissait en avoir vingt-cinq, dont le beau visage respirait la loyauté, dont la parole ardente et virile révélait la grande âme, l'auditoire tout entier fut saisi d'une inexprimable émotion. Le ministère public et le prévenu semblaient avoir changé de rôle, et devant cet accusé, l'accusateur ne faisait pas grande figure.

Il chercha cependant à répondre, mais de sa réponse on n'entendit que ces mots : « Je n'ai rien à rétracter; j'ai seulement affirmé que... » Sa voix se perdit dans le bruit prolongé, insurmontable, de l'assistance, pareil au bruissement des flots d'une mer démontée. La Cour elle-même ne chercha point à combattre cette explosion unanime d'un auditoire soulevé. Après quelques phrases, jetées pour la forme, du défenseur d'Henri de Lassus, le Président déclara que l'affaire serait mise en délibéré

et renvoya, pour le prononcé de l'arrêt, à l'audience
du 20 Janvier 1881.

De cet arrêt, qui adopta les considérants du jugement de première instance en en modifiant le dispositif,
nous ne citerons, avec le dispositif, que les considérants nouveaux ajoutés par la Cour :

« Considérant que, tout en tenant compte de la gravité du délit, il y a dans la cause des motifs de nature à
la faire modérer vis-à-vis des deux prévenus ;

« Considérant, en outre, qu'il existe des circonstances
atténuantes en faveur de M. de Lassus ;

« Réduit à quinze jours la peine d'un mois d'emprisonnement prononcée contre Cochin ;

« Réduit à huit jours la peine de quinze jours d'emprisonnement prononcée contre de Lassus ;

« Condamne Cochin et de Lassus aux dépens. »

C'est ainsi que se termina, plus de deux mois après
son début, ce procès qui fit grand bruit [dans le
monde de la politique, de l'Église et de la magistrature
et fut plus honorable pour l'Église que pour la magistrature et la politique.

Quant à Henri de Lassus et son ami, ils en sortirent
la tête haute, grandis dans la considération publique,
avec ce je ne sais quoi d'achevé que donne... la prison,
à ceux qui la subissent sans l'avoir méritée.

Le dernier mot de cet affaire a été dit, avec infiniment d'esprit, par l'avocat d'Henri de Lassus, Mᵉ Carraby, à un des amis du condamné, qui lui en reparlait
bien des années plus tard : « J'ai conservé de M. de

Lassus et de son talent oratoire, un souvenir de haute estime, je pourrais dire d'admiration, bien qu'il m'ait fait éprouver, en l'écoutant, un sentiment pénible et tout nouveau pour moi : celui d'un avocat appelé à défendre un client qui parle mieux que lui. »

CHAPITRE VII

Si huit jours de prison passent vite, quand on y *peine*
en compagnie d'un ami doublé d'un complice, ils se
racontent plus vite encore. Et quand de plus, ils se
passent en partie dans les douceurs de visites quoti-
diennes, prolongées, visites de parents et d'amis connus
ou inconnus, visites de grandes dames, d'académiciens,
d'hommes d'État, comme le duc de Broglie, M. Buffet
et Mgr Dupanloup, MM. Keller, Chesnelong, le duc
d'Audiffret-Pasquier, l'élite du clergé et des Religieux
de Paris, sans compter les grands artistes, et tant
d'autres sommités, il semble alors que la prison, peine
afflictive, sinon infamante, se change en un séjour de
délices, en un pilori de gloire, qu'elle devient un rendez-
vous des grands cœurs et des grands esprits, et que les
condamnés, pour peu qu'ils aient un grain d'ambition
ou d'orgueil, doivent soupirer en se disant : « Quel
dommage que ce soit si court ! »

Il est certain que, même pour des esprits aussi élevés,
aussi désintéressés que ceux d'Henri de Lassus et de
son compagnon, ce concours d'hommages et de sympathies ne fut pas sans douceur, et quand ils virent leur
grand et vaillant ami, le Religieux Dominicain pour
lequel ils s'étaient compromis et fait condamner, leur
sourire, et leur tendre à travers leur grille une main

pleine de bénédictions et de tendresses, un sentiment de gratitude dut s'élever de leur cœur vers le Dieu bon, qui leur avait ménagé de si nobles et viriles émotions.

Néanmoins, malgré toutes ces circonstances plus qu'atténuantes, la prison, même politique, a ses moments d'amertume, de souffrances matérielles, de dégoûts. Respirer un air renfermé, qu'on vicie soi-même, dans un espace restreint, mal éclairé; dormir sur une couchette plus que militaire; être privé de toutes les aises les plus élémentaires; subir toutes les nécessités de la vie, sans jamais pouvoir être seul, tout cela constituait pour ces deux jeunes gens du monde une épreuve physique très sensible, qui faisait compensation aux jouissances spirituelles du parloir; et ils durent se dire que ce régime, même avec des intermèdes de gloire, n'est pas fait pour encourager les récidives.

Sous cette réserve, je confesse que cette semaine de captivité laissa à Henri de Lassus plus de souvenirs heureux et plaisants que d'épreuves douloureuses. Il s'y lia d'une étroite amitié avec son compagnon d'infortune, et ils employaient toutes les heures oisives de leurs journées, leurs soirées tout entières, à s'entretenir de musique, de littérature, à s'instruire et s'édifier mutuellement.

Henri de Lassus, si passionné de lecture, de poésie, qui connaissait à fond tous nos grands auteurs classiques et modernes, ne connaissait pas Dickens, n'avait jamais lu un des romans humoristiques, satiriques et sociaux de cet admirable écrivain, si supérieur par l'inspiration, la portée morale de ses œuvres, la pitié pour les misérables, à nos plus illustres romanciers français. Henri Cochin les lui fit connaître. Il lui lut à haute voix, d'un bout à l'autre, « David Copperfield, » ce chef-d'œuvre d'esprit original, d'émotion, de vérité humaine, de puissance dramatique. Ce fut pour Henri de Lassus une révélation, une de ces commotions intellectuelles et morales, que fait éprouver aux âmes profondes l'apparition subite d'un chef-d'œuvre de la nature ou de l'art. De ce jour Dickens prit une place de choix parmi ses auteurs favoris.

La semaine s'écoula vite dans ces entretiens intimes, ces jouissances littéraires, et son huitième jour de prison achevé, il en sortit avec un contentement qui eût été sans mélange, si deux préoccupations n'en eussent troublé la douceur.

D'une part, il se demandait si cette aventure judiciaire terminée par la prison ne laisserait pas, malgré tout, dans l'esprit des gens à l'estime desquels il tenait le plus, une impression défavorable, et ne pourrait nuire à la chère espérance qu'il nourrissait en son cœur.

D'autre part, il souffrait en pensant qu'Henri Cochin, condamné plus sévèrement que lui, allait traîner huit jours encore cette vie de prisonnier, sans la consolation d'un ami pour la partager, et j'ose affirmer que, s'il en avait eu le pouvoir, il fût resté avec joie jusqu'au bout le compagnon de captivité de son complice.

N'avait-il pas écrit, dans un cahier de notes de sa vingtième année, cette touchante pensée venue de son cœur : « On porte plus aisément son malheur que celui des êtres qu'on aime. Rien ne fait souffrir comme la pitié. »

Contrepartie chrétienne de la célèbre et trop humaine maxime du vieux poète Lucrèce : *Suave mari magno.* Il est doux, devant l'Océan déchaîné, de regarder du port les pâles matelots ballotés par la tempête.

Après leur sortie de prison, les deux amis et les autres héros de cet épisode judiciaire, voulant en perpétuer le souvenir, se firent photographier en un groupe fraternel, non pour le public, mais pour eux-mêmes et leurs intimes. Ces jeunes gens, au nombre de six, MM. de Lassus, Cochin, de Bois-Hébert, Amelot de la Roussilhe, de la Brière et Brunet, y sont représentés debout, entourant un Monsieur d'un certain âge, assis sur un fauteuil, et qu'on prendrait, à son air vénérable, à sa barbe grise, à son regard pensif, pour un philosophe, un homme d'étude ou d'œuvres, guide et inspirateur de ses jeunes amis. C'était tout simplement un brave et digne concierge, inconnu d'eux avant le procès, poursuivi, condamné avec eux, pour avoir exprimé trop vivement sans doute sa sympathie à l'égard des Religieux expulsés, son indignation contre les violateurs de leur domicile. Tous avaient tenu, par leur attitude autour de ce doyen d'âge et de travail, à lui laisser un témoignage permanent de leur respectueuse sympathie. Rien n'est délicat comme les échappés de prison quand ils s'en mêlent.

Henri de Lassus n'eut pas à reprendre ses travaux à la Compagnie de l'Ouest-Algérien; son procès ne les avait pas sérieusement interrompus. Le tribunal et la Cour d'appel n'avaient tenu chacun qu'une séance, et son séjour en prison, encadré entre deux dimanches, ne l'avait éloigné de son bureau que les six jours d'une semaine. Je ne sais même si, pendant cette brève captivité, il ne continua pas à exercer une partie de ses fonctions à la grille du parloir. Quoi qu'il en soit, sa libération fut accueillie avec joie par ses supérieurs, ses collègues, ses employés. Tous l'aimaient, le respectaient, et si, ce que j'ignore, quelques-uns avaient d'abord blâmé ce coup de tête que les autres applaudissaient comme un coup de cœur, son attitude pendant les débats, son énergique sang-froid, son triomphe oratoire de la fin, avaient réuni tous les suffrages dans un sentiment commun d'admiration.

A ce point de vue, comme à celui de l'union, rêve permanent de son cœur, qui s'accomplit quelques mois plus tard, on peut dire qu'il expérimenta la vérité de la promesse divine : « Cherchez premièrement le royaume de Dieu et sa justice, et le reste vous sera donné par surcroît. »

En dehors de ses occupations administratives, devoir d'état qu'il faisait passer avant tout, Henri continua, comme il l'avait toujours fait depuis son retour d'Algérie, à chercher dans la musique et les musiciens, ses plus pures jouissances et ses meilleurs amis. Dès sa jeunesse, il avait trouvé parmi les amants passionnés de l'art, adorateurs de l'idéal, dont le principe est Dieu même, des compagnons de recherche du vrai et du beau, ayant tous comme lui un sentiment profond de religion. Dans le nombre de ceux qu'il aima, il y eut des saints, mais pas un indifférent.

Après le Père Vallée, le vaillant Dominicain qui fut, sinon le père, du moins l'ami de son âme, je nommerai particulièrement ceux qui le connurent à fond, qu'il aima lui-même avec cette réserve pleine d'éclairs qui le caractérisait, et qui furent en même temps ses initiateurs ou ses frères dans la musique, estimée par lui le premier de tous les arts.

J'ai déjà parlé de Francis Planté, qui, son aîné de quelques années seulement, fut à la fois son premier guide, sa première affection artistique, le présenta à Rossini, et avec lequel, malgré leur séparation presque constante, il resta toujours intimement lié d'idée, de sentiment et de cœur.

De Vervoitte, son vieux et cher maître d'harmonie, son initiateur à la science de la musique, à l'intelligence et l'amour des vieux maîtres, devenus plus tard ses génies préférés, je n'ajouterai qu'un mot à ce que j'en ai déjà dit. Vervoitte, un des promoteurs les plus actifs, les plus dévoués, de la restauration de la vraie musique à Rouen, à Paris, partout où il passa, avait pris Henri en grande estime et affection. Il s'étonnait de son génie précoce, trop précoce peut-être, et fut inconsolable des circonstances qui empêchèrent ce prodigieux enfant de se consacrer tout entier à cet art qu'ils adoraient tous les deux. Henri lui garda jusqu'à la fin un culte de reconnaissance et d'amour. Il aimait, pendant ses séjours à Paris, à le suivre à l'orgue de Saint-Roch, à l'assister dans ses réunions artistiques, ses concerts d'initiation aux œuvres Palestriniennes, prélude des concerts Lamoureux, et quand il apprit la mort de son vieux et cher maître, il en fut profondément affecté.

César Franck succéda à Vervoitte dans l'intimité artistique et personnelle de son jeune disciple. Il avait compris Henri du premier coup, et ravi de son étonnante faculté d'improvisation, de la distinction de ses idées, de ses développements harmoniques, il lui confiait parfois l'orgue de Sainte-Clotilde quand il était empêché de le tenir, même au salut du dimanche. Henri, modeste à l'excès, se cachait vis-à-vis de ses amis, de ces substitutions si honorables pour lui ; il les écartait de la tribune pour exécuter ces tours de force d'un amateur égalant presque son maître. Quant aux paroissiens connaisseurs de Sainte-Clotilde, ils écoutaient avec recueillement les belles improvisations qu'ils attribuaient à leur illustre organiste.

César Franck, aussi noble et simple de cœur que grand musicien, exerça une influence décisive sur la direction musicale d'Henri; il le préserva de toute passion de secte, de tout parti pris d'école; et malgré la profonde admiration de son disciple pour Wagner, pour sa merveilleuse instrumentation et son immense sonorité, il lui fit goûter aussi, par contraste, le charme reposant, large et divinement pacifiant des maîtres alors méconnus, ou plutôt oubliés, des premiers temps.

Parmi ces patriarches de l'art, deux surtout : Roland de Lassus et Palestrina, caractérisent l'école nouvelle préparée par Vervoitte, fondée par César Franck, vers laquelle Henri penchait visiblement. Entre ces deux génies fraternels, l'Eglise et le monde musical hésitèrent longtemps à se prononcer ou plutôt à reconnaître une primauté. Et si Rome, qui les exalta tous les deux, finit par proclamer Palestrina prince de la musique *Princeps artis*, ce fut moins comme Italien — Lassus était Belge — que comme auteur de la Messe sublime,

monumentale, dite du « Pape Marcel. » C'est en effet ce
chef-d'œuvre qui décida l'Eglise romaine à conserver
le chant grégorien comme principe de la musique
sacrée, et à proscrire les compositions profanes, désor-
données, hérissées de fugues interminables, de voca-
lises ridicules, qui prétendaient remplacer le plain-
chant.

Par une coïncidence étrange, Lassus et Palestrina,
nés tous deux en 1520, moururent l'un et l'autre
en 1594. Leur vie se ressemble comme leur génie; vie
d'honneur, d'épreuves, de foi active, de courses apos-
toliques et désintéressées pour le triomphe de la vérité
dans l'art; génie simple dans la grandeur, religieux
sans défaillances, sublime sans effort. Par un ricochet
non moins singulier à travers les âges, leur existence
offre de nombreux rapports avec celles de Vervoitte et
de César Franck, leurs continuateurs au xix⁰ siècle. Si
Henri de Lassus connut et approfondit ces divers rap-
prochements, son esprit dut en être frappé et gran-
dement réjoui. Il est doux de voir s'entr'aimer ceux
qu'on aime et se ressembler ceux qu'on admire.

Après Lassus et Palestrina, Sébastien Bach, venu
au monde un siècle et demi après ces grands hommes,
considéré par beaucoup comme plus grand encore,
peut-être le plus grand de tous, apparut à Henri dans
une lumière tardive, qui rayonna jusqu'au fond de son
âme. Ce fut à un autre ami, Henri Duparc, intelligence
exquise, musicien consommé, nature enthousiaste, qu'il
dut cette nouvelle jouissance artistique. Compositeur
déjà très estimé, pour quelques productions qui présa-
geaient un brillant avenir, mais arrêté dans son essor

par une fatigue nerveuse lui interdisant tout travail prolongé, Henri Duparc se prit pour Henri de Lassus d'une amitié très vive, bientôt partagée. Voici comment, quatre ans après la mort d'Henri, il s'exprimait au sujet de cet ami incomparable, si tôt enlevé à son affection, dans une lettre où il exalte ses qualités personnelles et raconte leurs relations musicales :

« Je n'ai jamais rencontré de nature plus élevée, plus loyale, plus généreuse, et aussi plus fine que la sienne. Il me semble que ce serait diminuer Henri que de rechercher dans quelles circonstances particulières ont pu se manifester ses admirables qualités. Il n'y avait pas pour lui de circonstances particulières; il eût été, au cas échéant, sublime de dévouement, de courage ou d'abnégation; mais il l'eût été naturellement, comme naturellement il était parfait dans le train-train de tous les jours. La perfection était pour lui l'habitude de la vie...

« Que vous dirai-je au point de vue de la musique? Quand je l'ai connu, c'est surtout de Schumann qu'il m'a semblé très épris. Il l'interprétait d'ailleurs délicieusement, d'un style pénétré et pénétrant, comme quelqu'un pour qui l'exécution n'est qu'un moyen. Et de fait, il ne m'est jamais venu à l'idée de le complimenter sur son exécution, qui pourtant était excellente : il ne s'agissait jamais que de l' « œuvre » qu'il venait de jouer. Ses connaissances musicales étaient fort étendues. Cependant, il ignorait presque complètement Bach, le père de tous les musiciens.

« J'eus la grande joie de l'introduire dans l'intimité

de cet incroyable génie. Tout d'abord il ne l'admira qu'un peu froidement : on n'avait pas encore inventé Bach à cette époque. Les musiciens même ne connaissaient guère que le « Clavecin bien tempéré, » pour l'avoir labouré au point de vue du piano, comme du Czerny ou du Cramer, et on admettait généralement qu'il n'était qu'un merveilleux mathématicien de musique. Henri était, quand je le connus, légèrement influencé par ce blasphématoire préjugé, et quand j'ouvris un soir la « Passion » selon saint Mathieu, il se mit au piano avec l'air résigné de quelqu'un qui, pour faire plaisir à un ami, va probablement s'ennuyer.

« Ah ! que sa figure changea vite d'expression ! Il fallut redire plusieurs fois chaque morceau ; quelques-uns, notamment le premier chœur, jusqu'à trois ou quatre fois, et quand nous arrivâmes au sublime et douloureux récit : « Ah ! Golgotha ! » je vis sur les traits de mon cher ami une émotion qu'il ne pouvait plus maîtriser, lui pourtant si maître de soi, et qui me révéla son cœur ardent, son âme admirable. Je n'ai jamais oublié ces lectures de Bach, et les conversations qui les suivirent. Enfin, il se trouvait un musicien qui pensait avec moi que le sentiment peut arriver à une telle hauteur, à une telle intensité, que la langue dans laquelle il est exprimé importe peu, fût-elle la musique ; et que vouloir analyser la beauté technique de certaines pages, c'est ne pas les comprendre. L'émotion les a inspirées : ce n'est que par l'émotion qu'elles peuvent être vraiment comprises. Jusqu'alors, Henri n'était pour moi qu'un excellent ami : après ces lectures, il fut l'ami unique que rien, ni personne, ne peut remplacer quand on l'a perdu. »

Henri Duparc, après un retour discret sur lui-même, termine cette effusion d'admiration enthousiaste pour son unique ami par cette déclaration plus expressive encore : « Si je n'étais pas devenu muet, son suffrage m'aurait été précieux entre tous. Je citais Franck tout à l'heure : une œuvre qui n'aurait pas été approuvée par Franck et Henri de Lassus aurait toujours été pour moi une œuvre inachevée. Mais, avec leur approbation, j'aurais été bien tranquille, et quand bien même le monde entier aurait critiqué mon ouvrage, je ne m'en serais pas soucié. »

C'est ainsi qu'Henri de Lassus entra dans l'intimité de Bach, devint un de ses fervents adorateurs; et c'est par une voie analogue, par l'initiative du même ami, qu'il devint, non pas wagnérien, — ces dénominations exclusives étaient absolument contraires à ses habitudes d'esprit et de volonté — mais admirateur de plus en plus déclaré de Wagner, ce qui est tout différent.

Le wagnérien pur, devenu d'ailleurs très rare après les extravagances des premiers jours, est le sectateur d'un dieu qu'il idolâtre, à l'exclusion de tous les autres dieux. Il est monothéiste, et Wagner, après avoir été son prophète à lui-même, est resté le seul dieu de ses adorateurs. Le premier article du symbole wagnérien est la proscription de tous les autres cultes. C'est de Wagner que date la musique, dans sa formule nouvelle et définitive. Comme un temple magnifique et sans pareil, débarrassé de son échafaudage séculaire, son œuvre est debout, unique, immortelle. Quant aux dieux d'antan, précurseurs de Wagner, ce sont des divinités de musée.

Ai-je besoin de répéter qu'Henri de Lassus n'était pas wagnérien de cette façon-là, et qu'il n'avait rien de ces esprits intolérants, dont l'amour et l'admiration ne peuvent s'exprimer que par le dédain de tout ce qui n'est pas l'objet de leur culte? Ecoutons Henri Duparc, non moins admirateur de Wagner, nous raconter les progrès de son ami dans la connaissance et l'appréciation du célèbre novateur.

C'était à l'occasion d'un voyage à Dresde qu'ils firent ensemble en 1881, sorte de voyage d'exploration musicale fait en compagnie de plusieurs artistes éminents ou distingués, Fauré, Lamoureux, Chabrier, d'Indy, pour entendre une vraie représentation, une représentation allemande d'un opéra de Wagner, interprété devant un public allemand, par des chanteurs se donnant tout entiers, s'oubliant pour ne penser qu'à l'œuvre, se comportant comme s'ils accomplissaient une fonction sacrée.

« A vrai dire, écrit Henri Duparc, pour nous, ce voyage ne fut que la conséquence, la conclusion de nos lectures. Nous avions commencé par Bach; nous avions lu ensuite les « Maîtres chanteurs » et les « Niebelungen. » J'avais gardé la fin pour « Tristan, » celle peut-être de toutes les œuvres dramatiques que je préfère, celle à coup sûr qui m'a toujours le plus profondément remué chaque fois que je l'ai entendue. Henri l'avait lue, mais trop jeune, et n'en avait gardé qu'une impression assez indécise... Justement, on donnait

alors à Munich une superbe représentation du chef-
d'œuvre, que je n'avais jamais entendu à la scène. Je
voulus persuader Henri d'y aller avec moi ; mais il
refusa. J'y allai donc sans lui, et j'en revins dans un tel
enthousiasme que j'y retournai la semaine suivante.
Cette fois, l'émotion ressentie me rendit éloquent, car
Henri m'accompagna. Ce fut pour lui une révélation ; il m'en parlait encore à Pau peu de temps avant
sa mort. Son émotion muette, mais profonde, se pei-
gnait sur son visage impressionnable. En sortant de
cette superbe représentation, il restait visiblement
ému, si ému qu'il ne voulut pas paraître à la salle commune, où les autres musiciens français, entre autres le
gai Chabrier, se réunirent après le théâtre, pour finir la
soirée ensemble. Le lendemain matin, il repartait sans
eux, seul avec ses impressions.

« J'aurais bien voulu pouvoir faire comme lui. »

Tel est le récit d'Henri Duparc, dont je n'ai pas le
droit de juger l'enthousiasme, n'ayant jamais entendu
exécuter à l'orchestre ni à l'Opéra une œuvre de Wagner ; mais à son exemple, j'ai une telle confiance dans
le jugement musical d'Henri de Lassus que l'opinion de
ce dernier me suffit pour croire au génie supérieur de
l'auteur de « Tristan. » Incapable de parti pris, d'en-
traînement irréfléchi, absolument sincère avec lui-même
et avec les autres, la parole d'Henri, en fait de musique,
comme en tout, est pour moi parole d'Evangile.

Mais je sais aussi, par lui-même, que son admiration
s'étendait bien au-delà de la musique wagnérienne, au-
delà même de la musique allemande, et qu'il avait gardé

des admirations de premier ordre, non seulement pour Bach, Hændel, Haydn, pour Schubert, Mendelssohn et Schumann, pour Beethoven, Weber, Gluck et Mozart, mais pour les chefs-d'œuvre italiens et français de Rossini, de Méhul, de Grétry et de Gounod. Il avouait naïvement le charme pénétrant qu'il trouvait dans la « Traviata » de Verdi, dans les recueils de vieilles chansons françaises et de mélodies italiennes. Enfin, il aimait le beau sous toutes ses formes, l'art dans toutes ses expressions élevées, et il se montrait en toute chose le plus large et le plus libéral des hommes.

En ce qui concerne Gounod, qu'il admirait et aimait déjà beaucoup avant le mariage de son frère avec la fille du grand compositeur, voici le témoignage très sûr et très compétent d'une personne qui les connut intimement tous les deux :

« L'admiration d'Henri pour la musique allemande, et aussi plus récemment pour l'école de Franck, ne l'empêchait pas de rendre pleine justice à la poésie, à la justesse d'expression, aux qualités exceptionnelles de la musique et de la personne de Gounod. Dans son œuvre, il aimait particulièrement « Sapho, » « Roméo et Juliette, » « Mors et Vita. » Dans les dernières années, Gounod, qui savait tout ce que valait Henri, lui montrait volontiers ce qu'il était en train d'écrire. Peut-être le devinait-il plus éclectique qu'il n'était lui-même. Mais tous deux aimaient et admiraient les belles choses, si ce n'est toutes les mêmes choses. »

Parmi ces belles choses que Gounod aimait et admirait entre toutes, l'œuvre dramatique de Mozart était la première et planait dans une sphère supérieure de pure et lumineuse beauté. Il aurait dit volontiers avec Rossini, auquel un indiscret demandait si Beethoven n'était pas le plus grand parmi les musiciens, y compris Mozart : « Je le veux bien, Beethoven est le plus grand, mais Mozart est l'unique. »

Oui, Mozart était pour Gounod ce que Wagner est pour les wagnériens intransigeants, avec cette différence qu'autour de Mozart, Gounod exaltait beaucoup d'œuvres et de compositeurs de génie dans lesquels il saluait des maîtres.

Henri de Lassus, lui aussi, mettait Mozart bien haut dans son admiration, et si, avec beaucoup d'autres connaisseurs, il plaçait les symphonies de Mozart au-dessous de celles de Beethoven, je ne puis me résoudre à croire qu'il plaçât le « Tristan » de Wagner au-dessus de « Don Juan. » En tout cas, il reconnaissait certainement que si Wagner est le représentant le plus complet et le plus élevé du génie allemand, le génie de Mozart se rapproche davantage du génie français, fait surtout de lumière et de précision. Comment cette considération n'eût-elle point touché vivement une âme aussi lumineuse, aussi française que la sienne ?

On s'étonnera peut-être, et non sans raison, qu'avec cet amour et ce génie de la musique, Henri n'ait laissé aucune œuvre, aucun écrit musical. — « Je ne connais de lui, écrit encore son ami Duparc, que deux charmantes mélodies et une ravissante « Marche des Génies au clair de lune, » exécutée avec orchestre à la Société nationale, et qui avait le rare défaut d'être trop courte. Elle plut tout particulièrement à Lalo, qui pourtant était bien difficile. »

Je m'explique cette absence de toute production par sa faculté prodigieuse d'improvisation, laquelle est souvent, paraît-il, un obstacle au travail de composition à tête reposée, mais plus encore par la modestie excessive qui le portait à n'être jamais content de lui-même ni de ses œuvres. Je suis convaincu qu'il écrivit bien des pages musicales, des essais plus ou moins développés, qu'il détruisit ensuite, les jugeant indignes de vivre. Dans un cahier d'essais littéraires, oublié sans doute par lui au fond d'un tiroir, et qui fut retrouvé à sa mort, j'ai découvert, parmi des pensées profondes ou charmantes datant de sa jeunesse, quelques vers d'une fraîche inspiration et d'une facture élégante, avec une note ainsi conçue : « Vers que je me rappelle, faisant partie d'un ancien sonnet, composé à quinze ans, brûlé avec mes autres poésies. »

Cette humble opinion de lui-même, qu'on pourrait appeler le respect humain du talent, le portait invinciblement à garder pour lui ses improvisations, non seulement écrites, mais jouées. Plusieurs de ses amis m'ont raconté que dans les hôtels, soit à Biarritz, soit ailleurs, il ne se mettait jamais au piano qu'après s'être assuré que les salons étaient vides et les portes fermées. Ayant découvert la manœuvre, ses amis et d'autres baigneurs s'approchaient doucement des portes closes et s'émerveillaient des trésors d'imagination, de science, de virtuosité, qu'il répandait à flots dans ces merveilleuses improvisations.

A défaut d'œuvres musicales, il se plaisait à écrire sur la musique. J'ai trouvé, parmi ses notes, deux études d'une certaine dimension, l'une intitulée : « De l'expression des sentiments dans la musique, » écrite au crayon, mais d'une forme très soignée, que son accent et ses proportions me permettent de reproduire ici, comme conclusion de ce chapitre tout musical.

Le second écrit, traitant « Des premiers principes de l'harmonie, » est trop long et trop didactique pour que je le cite, même en partie. Mais il m'a semblé si fermement pensé, si clairement écrit, si savant et lumineux à la fois, que j'espère le voir publier un jour, à l'usage des musiciens de profession ou des amateurs instruits qui le liraient avec intérêt et profit.

De l'expression des sentiments dans la musique.

Le peu d'idées claires qui surgissent à la surface de l'esprit humain ne nous en découvrent point l'essence.

Elles apparaissent comme les reflets du foyer intérieur dont la chaleur se communique à tout notre être, mais dont la lumière reste à jamais cachée aux regards.

A peine apercevons-nous, çà et là, dans les ténèbres qui s'épaississent en proportion même de l'effort que nous faisons pour les percer, le vague rayonnement de la vérité qui s'enfuit.

La parole essaie de pénétrer dans ces profondeurs : elle y échoue.

« Tais-toi, mon âme, disait Bossuet, tes expressions sont trop faibles. »

La parole, demande, alors, le secours de l'harmonie.

Chez toutes les nations, les hommes que leur instinct poussait au-delà des limites des choses tangibles, les poètes, ont préféré le langage rythmé au langage usuel, les vers à la prose.

Les arts du dessin nous entretiennent aussi de ce monde mystérieux que chacun porte en soi. Ils nous transmettent fidèlement les impressions qu'ont ressenties les grands peintres et les grands statuaires, en contemplant les œuvres de Dieu. Moins clairs que la parole, ils sont déjà plus profonds qu'elle, mais ils le cèdent à l'harmonie pour l'expression intime des sentiments.

Il est beaucoup de gens sur lesquels la musique ne produit qu'un effet désagréable, et l'on en a fait un reproche contre la musique.

Est-il donc assuré que tout le monde entende également bien la parole?

Le nombre des appréciateurs éclairés de la peinture n'est-il pas très restreint?

Je ne sais si « le Misanthrope, » si les « Oraisons funèbres » de Bossuet, si les « Vierges » de Raphaël comptent plus d'admirateurs sincères que les symphonies de Beethoven.

Parmi ceux qui, en passant à côté de ces œuvres célèbres, leur jettent le tribu d'un éloge devenu banal, combien en est-il qui aient véritablement senti un écho des grandes pensées enfermées dans le livre, ou sur la toile, s'éveiller et frémir en eux ! Combien n'en parlent que par mode, par vanité, par l'instinct de l'imitation ou de la routine, sans presque y songer !

Si la musique s'est attirée plus d'adversaires que les lettres ou que la peinture, c'est qu'elle se rend plus importune à ceux qui ne savent pas la comprendre.

Un beau tableau pendu à la muraille ne vous demande pas de le regarder. Il ne vous oblige pas à vous arrêter devant lui pour vous raconter ce que Le Titien ou Murillo lui ont confié.

S'il en était autrement, beaucoup de gens qu'une telle conversation n'intéresserait guère, ne trouveraient pas la peinture moins désagréable que la musique.

Un vieux livre oublié au fond d'une bibliothèque n'adresse point de sollicitation aux indifférents pour obtenir la grâce d'être lu. Il se renferme dignement dans son obscurité et dans sa poussière, confident ignoré du grand homme qui l'a écrit.

Que de suffrages gagnerait la musique, si elle savait être aussi discrète que le livre ou que le tableau!

Mais non; dès qu'on se trouve près d'elle, il faut l'entendre; on s'éloigne de quelques pas, elle vous poursuit; il faut fuir pour l'éviter tout à fait. C'est alors qu'on la déclare ennuyeuse.

Pensez-vous que l'ennui fût moindre s'il fallait à toute force lire le livre ou regarder le tableau?

Qu'on ne reproche donc plus à la musique de n'être véritablement appréciée que par un petit nombre de personnes.

Il en est ainsi, sur la terre, de tout ce qui est intime.

Pour la majorité des hommes, la vie se passe tout entière à la surface de l'esprit, comme à la surface des choses, et cet endroit profond où les âmes résonnent reste fermé jusqu'au jour de la mort.

Ceux qui goûtent la musique trouvent qu'aucune langue au monde ne touche d'une manière aussi vive et aussi délicate aux fibres secrètes du cœur.

Il n'y a point de difficulté à accorder que cette langue n'est pas claire.

Quand on lui a demandé d'exprimer des idées trop exactes ou des images trop sensibles, on s'est mépris sur sa nature et on n'a pas atteint le but vers lequel on tendait.

Les voix que la musique éveille nous parlent de tout ce que nous aimons, avec quelle grâce, quelle vérité, quelle énergie, quelles nuances! Mais elles nous en parlent sans ordre ni clarté. Comme le fond même du cœur, c'est un chaos changeant, tantôt obscur, tantôt lumineux, calme ou passionné, faible ou héroïque, sans qu'on puisse découvrir une raison apparente à ces mouvements capricieux auprès desquels la précision mathématique de la raison semble bien froide et bien terne.

Il n'y a qu'un mot pour dire que l'on aime, mais combien de manières différentes y a-t-il d'aimer!

La mère qui caresse son enfant, le jeune homme qui pense à sa fiancée, le moine qui prie Dieu, se servent tous du même verbe : Aimer. Mais les différences profondes, les nuances infinies, la parole les rend-elle? L'attitude, le visage, le regard les révèlent dans la peinture. La musique les exprime plus confusément sans doute, mais avec une force et une vivacité sans égales. Elle gagne en puissance ce qu'elle perd en clarté.

Les premiers sons à peine frappés, déjà c'est un monde inconnu qui se déroule. Pour ressentir des émotions aussi douces pendant de courts instants de leur existence, que d'occasions, que de travaux, que d'épreuves sont nécessaires à la plupart des hommes!

Un enfant qui sent la musique, en sait en un moment autant qu'eux. — Il peut verser les mêmes larmes sans avoir traversé les mêmes douleurs.

CHAPITRE VIII

ESSAIS LITTÉRAIRES

A cette sorte d'intermède musical dans l'histoire
d'Henri de Lassus, il me semble opportun d'ajouter un
autre intermède littéraire qui le complétera. Je crois en
effet que, s'il eût été libre de suivre ses goûts, il aurait
uni à l'exécution et à la composition d'œuvres musicales, le culte de la poésie et la culture des lettres. A
côté de sa vocation supérieure de musicien, il y avait en
lui, sinon la vocation, du moins l'étoffe d'un poète et
d'un écrivain. Dans sa parole oratoire dont j'ai déjà
parlé, comme dans sa conversation, l'un et l'autre se
faisaient discrètement sentir.

Sa conversation était rare : c'était un penseur et un
silencieux. Mais quand il le voulait, il devenait un causeur étincelant ou profond, mêlant de vives saillies, des
gerbes de lumière, à des paroles pénétrantes, défini-
tives. Quand il répétait ce qu'on lui avait dit, il y ajoutait quelque chose de personnel dans l'accent, qui
complétait l'expression et l'embellissait. Comme me le
disait son ami, Henri Cochin, il possédait un langage
révélateur.

Il avait beaucoup lu, trop même ou du moins trop
tôt, et sa précocité, prodigieuse en musique, s'était
manifestée aussi dans la conception et l'expression de
sa pensée. A quinze ans, il possédait déjà, non seule-

ment les classiques grecs, latins et français, puisqu'il
fut bachelier avant seize ans, mais il avait goûté les
charmes dangereux de la littérature contemporaine ; et
comme il s'était plongé dans les grandeurs abyssales de
Pascal et de Bossuet, dans la raison lumineuse de
Labruyère qu'il admirait profondément, il s'était abreuvé
aussi à la coupe enivrante de nos poètes modernes,
de Musset surtout, le plus redoutable pour les jeunes
esprits, parce qu'il est sincère, et qu'au délire de la
volupté, il mêle l'attrait de ses larmes sur lui-même, sur
sa jeunesse profanée et sa vie perdue : larmes douloureuses, qui émeuvent, mais ne fécondent pas.

La pureté d'âme d'Henri ne s'était point ressentie de
ces lectures, et son goût littéraire n'avait fait que s'élargir sans s'altérer. Mais sa pensée avait contracté une
habitude de rêverie, une tendance à la mélancolie, qu'on
remarque déjà dans ses premières productions.

Ces pensées littéraires, simples essais, jetés sur le
papier au courant de la plume, sont peu nombreuses, et
datent toutes de sa première jeunesse. Le cahier qui les
renferme, commencé en 1870, quand il avait dix-neuf
ans, s'arrête en 1872. On y trouve en tout, comme
poésies, trois petites pièces de vers, au milieu de pensées morales, littéraires, politiques même, étonnantes
par leur précoce maturité. Comme cette étude est surtout consacrée à faire connaître et revivre son âme, je
les présenterai ici, à peu près dans l'ordre où elles ont
été écrites, comme un miroir fidèle où se trouvent fixés,
dans leur grâce, leur force, leur absolue sincérité et
aussi leurs imperfections, les traits de cet esprit supérieur, et de ce cœur plus grand encore.

Voici d'abord les quelques mots caractéristiques qui ouvrent le recueil :

« Je commence ce cahier le 12 Janvier 1870. Tout ce qui est en deçà de cette date, je le transcris de mes papiers pour remplir les premières feuilles. Au mois d'Août 1869, j'ai brûlé tout ce que j'avais écrit jusqu'alors. Je crains que ce cahier n'ait le même sort que ses prédécesseurs, car je n'ai pas fini de changer, et mon goût et mes opinions varieront encore.

« 12 Janvier 1870. »

Ces cahiers écrits et détruits, ces variations de goût et d'opinions dans un auteur de dix-neuf ans paraîtraient chez un autre de la pose et de la vanité. Chez lui, pour ceux qui l'ont connu tel qu'il fut, tel que j'ai essayé et que j'essaie de le faire connaître, c'est de la simple loyauté, j'oserais dire que c'est de l'humilité.

Après la préface, voici l'œuvre :

« Qui dira ce qu'il entre de bien penser dans le bien dire ? »

« On sait assez que l'indépendance est une des plus belles qualités du caractère, mais on ignore trop que c'est la première qualité de l'esprit. »

« Lorsque dans la première jeunesse, nous avons tenté ou seulement rêvé quelque chose de grand, il n'y a qu'un moyen de se consoler noblement de n'avoir point de génie, c'est de mieux connaître et d'admirer davantage ceux qui ont établi leur réputation à l'endroit même où nous aurions voulu élever la nôtre. »

« Je cherche des bons livres. Combien de nos jours restent encore à faire, en morale, en philosophie, en histoire ! Un bon livre est le plus grand service qu'un homme puisse rendre à l'humanité. C'est un avantage d'être né dans un siècle où la torture et les lettres de cachet ont été abolies. C'est un avantage aussi d'être né après Descartes, et le « Discours de la Méthode. »

A la suite de ces pensées morales, voici trois essais politiques, réunis sous une même date établissant qu'il avait dix-huit ans et demi quand il les écrivit : on a peine à y croire, en lisant ces observations pleines de sens, de vérité, et où, chose étrange à cet âge, la jeunesse apparaît davantage dans l'expression, parfois un peu relâchée, que dans la pensée :

« Saint-Geniès, 29 Octobre 69. »

« Il est difficile de détourner la vue du spectacle des affaires publiques. Les faits qui se passent sous nos yeux ont leur éloquence. Ils disent assez haut quelle a été l'erreur de ceux qui ont substitué la souveraineté du nombre à la souveraineté libre et éclairée de la nation. Ils ont cru sauver la Société, et ils n'ont fait qu'ajourner un péril, qui chaque jour augmente. Ils se sont imaginé qu'ils trouveraient dans le suffrage universel un remède : ils ont usé d'un expédient funeste, et par là, ils se sont

préparé, dans l'avenir, de graves difficultés. C'est peu
d'avoir pour nous la raison et l'expérience ; car enfin, il
faut avouer que le suffrage universel a la force, et que
si, au lendemain d'une surprise, on a pu le faire servir
à sa propre ruine, il serait puéril de le tenter aujourd'hui.

« Je ne parlerai pas du grand nombre d'hommes qui
sont intéressés à sa conservation, ni de ceux que leur
passé ou le préjugé politique engage à le défendre. Il
suffit de considérer que, ne relevant que d'un tribunal
en France, le suffrage universel choisit lui-même ses
juges, ou, en d'autres termes, qu'il n'a d'autres juges
que lui. »

« Le peuple comprendra que l'ignorance ou la corruption du grand nombre rend absurde et funeste la
pratique du suffrage universel, le jour seulement où l'on
aura exterminé de son sein l'ignorance et la corruption :
c'est-à-dire le jour où il conviendra de mettre le suffrage
universel en pratique. »

« J'emprunte à la jurisprudence deux expressions qui
me semblent justes : on peut dire d'une manière générale que tout homme a droit à la jouissance des droits
du citoyen ; il faut seulement ajouter que des circonstances particulières, qui touchent à l'intérêt public,
permettent d'en suspendre l'exercice. Si l'on m'objecte
qu'un tel principe ouvre la porte à la tyrannie, je
réponds : c'est tomber dans une des plus grandes
erreurs qui soient en politique que d'écarter entièrement les raisons qui se tirent du salut même de la
Société et que l'on a appelées raisons d'État. La sagesse
des citoyens consiste à en faire un usage modéré, stric-

tement limité aux exigences du temps. Les principes absolus conviennent aux sciences exactes; dans un État bien policé, tout est dans l'équilibre et dans la mesure. »

— Relisez avec attention cet exposé des conditions du suffrage universel; dans ces trente lignes, divisées en trois paragraphes, vous trouverez la matière d'un volume divisé en trois parties et dix chapitres.

Après cette courte excursion dans le domaine politique, rentrons bien vite dans la littérature et la poésie, en commençant par la poésie qui ne nous retiendra pas longtemps. Trois brèves citations feront l'affaire. On y reconnaîtra, avec un tour et une élégance personnels, l'inspiration visible de Musset.

« Six vers — porte le manuscrit — que je me rappelle, et qui faisaient partie d'un ancien sonnet, composé à quinze ans, brûlé avec mes autres poésies :

I

Qu'un autre plus savant vous blâme et vous méprise,
Je n'en ressentirai ni douleur, ni surprise.
A la gloire, en chantant, je n'ai jamais pensé.
Je sais tous vos défauts, et pourtant je vous aime,
O mes vers, car déjà vous êtes mon cœur même,
Et, quand j'aurai vieilli, vous serez le passé !

II

Confidence en mauvais vers.

Vous qui m'accompagnez et d'une voix amie
Soutenez mon courage et charmez mon labeur,
Vieux auteurs, vieux français, musique, poésie,
Vous ne suffisez plus à contenter mon cœur.

Savez-vous, en secret, le souci de ma vie ?
Je voudrais être jeune, être riche, être beau ;
Tout cela pour aimer, oui, ne fût-ce qu'une heure !
Et quittant sans regret la terrestre demeure,
Je descendrais tranquille et joyeux au tombeau !

III

Sur un album.

Me voilà donc la plume en main :
Mais par où commencer d'écrire ?
Je creuserais ma tête en vain ;
J'ai trop de choses à vous dire.

En ce moment, je n'ai point lieu
D'être satisfait de moi-même ;
La vie, hélas ! est un adieu
Qu'on dit sans cesse à ce qu'on aime.

Si vous voulez, souvenez-vous,
Quand vous tournerez cette page,
Que je suis à planter mes choux
Près du clocher de mon village.

Surtout, daignez me pardonner
De déraisonner en cadence.
Aimez-vous les vers ? Moi, je pense
Qu'on doit rarement s'adonner

A ce jargon dont font usage
Les Dieux, les pédants et les fous.
J'aurais pris un autre langage
Si j'en connaissais un plus doux.

Voilà son bagage poétique, et c'est tout. Ces rimes
mélancoliques, cette fine élégance, ce badinage senti-

mental avec une pointe d'aimable moquerie, suffisent à prouver que si ce penseur avait voulu mettre en vers la poésie dont son âme était pleine, il eût pu prendre rang dans la pléiade de nos poètes contemporains.

Je retourne à sa prose, où nous retrouverons d'ailleurs la poésie en plus d'un endroit :

« Madame Swetchine loue excellement Tocqueville... « Votre style, dit-elle, ne demande rien qu'à la pensée « elle-même... » Admirable éloge, digne d'être proposé comme une règle à tous ceux qui écrivent. »

« *Laboremus!* Apprenons chaque jour ; efforçons-nous de mieux comprendre. Cherchons, creusons sans relâche, « c'est le fonds qui manque le moins. » Souvenons-nous que la vie humaine est courte, et qu'il n'est point donné à un seul homme de parcourir toute l'étendue de l'esprit humain. Mettons notre gloire à élargir le cercle de nos connaissances, notre honneur à les faire reposer sur des fondements solides. Découvrons enfin, explorons des régions inconnues. Echappons, s'il se peut, à la mort. »

« C'est encore soi que l'on trompe le plus souvent. »

« La hardiesse de l'esprit est naturelle chez les enfants. Les hommes en ont moins, ayant appris par expérience à se défier de la pensée. »

« Je vais parler sincèrement. J'ai une ambition, qui est d'avoir du mérite ; mais je ne veux pas être approuvé, si je n'ai point de mérite. Je sais quelle est l'infirmité de la nature humaine ; j'excuse bien des défauts, bien des fautes, jusqu'à des crimes; et je crois que pour être juste, il faut être enclin à pardonner. Il y a cependant en mon cœur une haine immuable. Vous qui vous nourrissez de mensonges et ne payez jamais qu'en fausse monnaie; vous qui mettez tous vos soins à paraître et n'avez nul souci d'être; aveugles ou pervers, je vous hais, et j'ai honte de porter le nom d'homme que vous portez. »

« La grandeur aujourd'hui ne va pas sans emphase. J'accorde, si l'on veut, que les temps modernes ont produit de grands hommes et mis en lumière des idées sublimes; mais je soutiens que l'équilibre de l'esprit a été rompu. L'on se jette tout entier dans une des facultés humaines que l'on pousse jusqu'à ses dernières limites; mais le reste est négligé. Je veux former ma vie à l'image de la vie antique, là est le modèle vers lequel j'aurai les yeux tournés. »

« Il ne manque pas d'hommes qui se croiraient déshonorés par un mensonge; il en est peu qui prennent souci d'être francs avec eux-mêmes. Cette dernière qualité exige quelque chose de plus délicat dans la probité, du discernement, avec l'habitude de regarder la vérité en face. »

« Je soutiens que l'honnêteté a sa grâce; les délicats la trouvent même plus touchante qu'aucune autre. »

« C'est dans la douleur que l'on découvre ce qu'il y a de sublime dans l'idée de la fraternité chrétienne. »

« L'injure ne peut sortir que d'une âme basse; je
défends à l'honnête homme de s'en servir. Le mépris et
la moquerie puisent leur origine à une source commune.
Ce sont des armes dangereuses qu'il faut manier d'une
main prudente et légère. Qu'on ne fonde point sur elles
tout l'espoir de la lutte. Je consens seulement qu'à la
manière de la cavalerie, elles achèvent la victoire que la
raison a gagnée. Le mépris et la moquerie font quelquefois des blessures mortelles; presque toujours ils sur-
prennent et troublent l'esprit. Nous en jugeons mal, et
je voudrais du moins que cette vérité fût bien établie
que celui-là est digne de mépris, qui, sans raison veut
en couvrir les autres; que celui-là doit être moqué qui
fait du ridicule un usage faux et immodéré. »

« Quel charme dans Labruyère! quelle solidité! quelle
profondeur! quelle variété! Nous qui voulons connaître
les hommes, portons avec nous notre Labruyère. On
peut dire : Corneille, c'est l'héroïsme, Montaigne, l'esprit d'examen, Montesquieu, la politique, et continuer
ainsi, en limitant le domaine ou le royaume de chaque
écrivain. Mais Labruyère, c'est tout l'homme; tout y
est; il convainct et il touche. Oui, il touche si l'on sait
lire. »

« Je classe toutes les qualités d'un bon écrivain par
ordre de mérite : la clarté, la pureté, l'imagination, la
passion. Sans ces qualités, je ne pense pas qu'il puisse
y avoir un grand écrivain. Mais un grand écrivain peut
avoir beaucoup d'autres qualités, telles que la netteté, la
précision, la profondeur, la sobriété, l'élégance, la gra-

vité, la légèreté, l'abondance, l'harmonie, etc. qui varient suivant le génie de l'auteur et suivant la matière. J'entends par passion une forte attache au sujet que l'on traite. Je ne vois pas seulement dans l'imagination l'art des comparaisons qui devient souvent fastidieux par l'abus qu'on en fait ; j'y vois surtout l'art de représenter par analogie les idées, de la même manière qu'on représente les objets qui tombent sous les sens, par où toute chose doit passer avant d'arriver à l'esprit. Et l'esprit n'est bien pénétré que lorsque les sens sont fortement saisis. »

« Il n'y a pas d'étude plus philosophique que celle du langage. Les expressions les plus simples sont parfois d'une profondeur singulière. Remarquez qu'on n'a jamais dit du savant le plus ingénieux qu'il ait inventé un principe. L'homme découvre un principe, et aussitôt l'humanité entière le reconnaît. »

« Découvrir un principe ou mettre un principe connu dans un centre plus grand ou dans une lumière nouvelle, c'est reculer les limites de la raison, de même que lorsqu'on découvre par l'expérience quelque nouvelle application des principes ; car il y a, comme le fait voir Pascal, deux infinis aux extrémités de toute science. On ne saurait avoir une vie bien réglée, ni rien bâtir de solide, si l'on n'est point convaincu de quelques principes en philosophie, en morale, en politique. Car les premiers regardent les dispositions que nous devons montrer à l'égard des êtres surnaturels placés au-dessus ou en dehors de nous ; les seconds regardent la conduite

de l'homme, et les troisièmes le gouvernement des
hommes. « De Dieu, de l'homme et des hommes » : voilà
le titre de l'ouvrage que tout honnête homme doit porter
en soi. »

« Il y aurait, en politique, un livre utile à écrire. Ce
serait celui-ci : « Pourquoi l'esprit pratique n'est point
« toujours d'accord avec l'esprit théorique. » On y mon-
trerait dans les passions de l'homme, une cause per-
manente, et dans l'ignorance une cause passagère de
ce désaccord. Que dirait-on d'un tailleur qui aurait
fait le vêtement le mieux proportionné du monde, sans
s'inquiéter s'il conviendra à celui qui le mettra? Je
serai gêné et maladroit dans la plus belle armure, si
elle ne s'adapte pas exactement aux formes régulières
ou irrégulières de mon corps. On ne considère pas
assez, dans une Constitution, les défauts du peuple
pour lequel on la fait. »

« Les vérités générales sont rares. Le vice le plus
commun aux esprits médiocres est de généraliser des
vérités particulières : source intarissable de disputes. »

« Socrate disait « Tout ce que je sais, c'est que je ne
« sais rien. » Et j'ajoute : Tout homme qui ne sait pas
qu'il ne sait rien est un animal dangereux. »

« Franchissez par la pensée les barrières étroites du
temps présent, regardez plus haut que les soucis de
l'heure actuelle, et fondant votre espoir sur la vérité des
principes qui vous guident, sur la loyauté de vos

intentions, sur la fermeté de votre cœur, marchez sans
hésiter dans la vie. Quels que soient les malheurs que
la destinée vous prépare, j'ose prédire qu'ils seront de
beaucoup inférieurs aux maux que vous évitera la noble
disposition de votre âme. »

« Il n'y a que deux manières de calmer l'agitation de
l'âme : tout oublier, ou regarder enfin la vie comme un
devoir. Entre l'ignorance et la résignation est placée la
région des orages. »

« L'égalité d'humeur dans la bonne et dans la mauvaise fortune ne se rencontre presque pas; les âmes
élevées, comme les basses, sont sensibles aux vicissitudes du sort, mais elles n'en sont point affectées de la
même manière. Le courtisan se montre hautain dans la
faveur, servile dans la disgrâce. Je conçois aisément
une fierté indomptable dans l'adversité, qu'un changement heureux adoucit et que la prospérité fait enfin
disparaître. »

« Il semble qu'il y ait quelque chose d'irréparable
dans la condition humaine. Nous souffrons à la fois par
les maux qui nous assiègent et par la certitude de perdre tôt ou tard les biens dont nous jouissons. Nous
gémissons en deçà de la tombe, ne regrettons-nous rien
au-delà? Vous dites que les objets dont j'ai été charmé
ne sont qu'une vaine apparence; ne puis-je donc pas
aimer une apparence? Le spectacle que donnent la nature
et les hommes sortira-t-il sans déchirement de ma pensée? Les sentiments qui m'ont ému, quelque bornés

qu'ils soient, sont nés dans mon âme; la source de
l'admiration se tarit-elle? L'amour se dessèche-t-il
jusque dans ses racines? Et puis, comme un soldat
blessé au milieu de l'action, je voudrais connaître l'issue
de la bataille que je ne verrai pas. »

A côté de cette sorte de plaidoyer philosophique sur
les épreuves de la vie terrestre et l'immortalité de l'âme,
source de l'admiration et de l'amour, voici une para-
phrase du *Pater*, qui expose avec profondeur et simplicité la réponse de Dieu aux plaintes et aux souffrances
de l'homme :

« La prière la plus belle est cette phrase du *Pater* :
« Que votre volonté soit faite. » C'est la plus courte et la
plus élevée, mais toutes les âmes ne sont pas également
capables d'y atteindre. Il faut avoir de la profondeur et
de la présence d'esprit pour pénétrer dans le sens et
apercevoir l'étendue de ces paroles si simples. — Voici
une prière qui n'est pas fort longue. J'avoue qu'elle est
moins haute que la première : c'est pour cela que je la
crois plus proche de l'homme et plus facile à saisir :
« Mon Dieu, soyez béni, pardonnez-moi, secourez-moi. »
A côté du texte (c'est l'abrégé du *Pater*) je place le
commentaire. Quelle que soit l'étendue de mes épreuves,
je sais que ma félicité dépasse de beaucoup mes mérites.
Au milieu de mon malheur, il me reste un grand nombre de biens qui échappent parfois à ma vue parce qu'ils
sont également répandus sur toute la nature. Ne puis-
je pas apercevoir au-dessous de moi des gens accablés
par le fardeau de la vie que je supporte? Si je descends

au dernier degré de la misère humaine, j'emporte avec moi l'espérance en Dieu. Que si cette espérance elle-même vient à abandonner mon âme, je me réfugie dans l'idée de la justice, que personne ne m'arrachera. — Cependant, j'oublie ces bontés dont je jouis; c'est à peine si l'intérêt me les rappelle parfois et je sens qu'il n'y a point de mérite sans désintéressement. C'est pourquoi j'ai besoin du pardon, lors même que j'ai évité ces écueils que la voix publique signale, car l'écueil de l'intérêt, que beaucoup n'aperçoivent point, ne se peut éviter constamment dans le cours de la vie. Comme je vois que ma félicité passe mon mérite, j'avoue que la seule justice ne me l'eût pas donnée, et je conçois l'idée d'une grande miséricorde. C'est au sein de cette bonté dont je ne puis mesurer l'étendue que je veux verser mes larmes, dans l'espérance que celui qui m'a tiré du néant, m'enlèvera peut-être du milieu de mes chagrins. »

Quelle belle philosophie de la bonté divine et de l'espérance humaine! Et que d'amour de Dieu au fond de cette âme, d'autant plus agitée qu'elle est plus vaste et plus profonde.

« L'oubli est une marque de notre faiblesse : c'est pourquoi nous en médisons. Cependant l'oubli est un des bienfaits auxquels nous reconnaissons la miséricorde divine. L'homme ne cesse d'être tourmenté par le désir ou par la crainte que lorsqu'il oublie. Vous dites : « Je suis heureux. » Et moi, je pense que vous oubliez seulement vos malheurs. »

« Que les larmes seraient belles si elles ne mentaient jamais ! je ne les vois pas sans tristesse recouvrir de bas artifices. J'en veux à qui les dégrade ainsi, comme à un homme qui, pour me tromper, prendrait les traits d'un ami. Lorsque vous coulez d'une source pure, ô pleurs, témoins muets, que votre éloquence est saisissante. »

« Ce n'est pas de ses amis que l'on reçoit la vérité sur ses œuvres, mais du temps. C'est le temps qui nous détache par l'ennui, le dégoût ou le ridicule, des pensées favorites, des vers caressés, des tours choisis, des motifs aimés, il n'épargne guère notre amour-propre. J'ose prédire que cette page que j'ai crue digne d'être écrite, sera brûlée par moi. O hâtive publicité ! que de remords tu nous prépares ! »

Eh bien, non ! cette page que ce grand humble, j'ose ajouter ce grand esprit de vingt-deux ans a crue digne d'être écrite, n'a été brûlée ni par lui, qui l'avait sans doute oubliée, ni par personne. Je la publie sans hésitation, sans hâte et sans remords, car je la sens digne, avec les pages qui la précèdent et celles qui la suivent, d'être livrée non seulement à l'applaudissement facile des amis, mais à l'appréciation sévère des critiques.

Les trois pièces suivantes, notre dernière citation, écrites sur feuilles détachées, sont certainement antérieures à son séjour en Algérie. La première seule datée rappelle par sa facture et son ingénieuse profondeur, Labruyère, si admiré du jeune écrivain.

Réflexions sur l'humilité et la modestie

« L'humilité consiste à avoir plus nette et plus présente la pensée des êtres qui sont placés au dessus de nous, à ne point permettre à la vanité ou à l'intérêt de nous en obscurcir la vue, et à tâcher de nous résigner à notre infériorité. L'intelligence et le cœur y prennent part.

« L'humilité, chez ceux qui se font une idée très haute et très claire de la grandeur, de la beauté et de l'éloignement immense de la vérité, paraît exagérée à ceux qui ont le sentiment moins vif et plus confus de ces choses. Notre humilité n'aurait donc pas de bornes, si nos connaissances n'en avaient pas : elle est faible, inégale et fragile, comme les liens qui nous attachent à la Vérité éternelle.

« La modestie consiste dans la disposition de notre âme à concevoir une idée exacte et modérée de nos qualités par la comparaison qu'elle en fait avec les qualités d'autrui. Ce que la modestie a de meilleur, lorsqu'elle n'est pas hypocrite, est de contenir en elle, avec l'esprit de franchise et de discernement, le principe de l'humilité. Mais, chez la plupart des gens auxquels le monde donne le nom de modestes, la modestie n'est qu'une des parties de la politesse qui consiste à ne pas faire sentir aux autres la supériorité que l'on croit avoir sur eux.

« La modestie aperçoit la proportion qu'il y a entre notre mérite et le mérite d'autrui ; nos vertus lui paraissent moins grandes dès qu'elle les sait surpassées. —

L'humilité saisit la disproportion qu'il y a entre notre
mérite et l'idéal du mérite ; nos vertus lui apparaissent
en comparaison si petites qu'elle ne les voit même
plus. »

« 12 Juillet 1872, Cauterets. »

On remarquera le sentiment profondément chrétien
de cette étude morale sur une des vertus que Lacordaire appelait *réservées* à l'Eglise catholique, l'humilité
fille de la foi et sœur de la charité. La belle page
d'Henri de Lassus pourrait se résumer en cette maxime :
« L'humilité est la connaissance mise en pratique de
Dieu et de soi-même. »

Les deux autres pièces sans dates sont d'un tout
autre accent, toujours chrétien au fond, mais encore
plus humain, d'une intensité de sentiment, d'une effusion de pur amour et d'ardente poésie qui troublent
l'âme et y surexcitent une émotion sympathique qui
parfois va jusqu'à la souffrance.

« Désirs infinis qui agitez le cœur de l'homme, toujours ardents, jamais assouvis, rêves interrompus, sans
cesse recommencés, espérance éternelle qui survivez à
toutes nos douleurs et qui croissez encore parmi les
ruines, comme une fleur solitaire échappée à l'orage ;
monde mystérieux, impénétrable, toujours exploré,
toujours inconnu ; oh ! que de pensées, que de sentiments, que de sensations sans nombre ; quelle diversité,
que de couleurs, que de nuances ! Carrière immense,
que la vie de l'homme n'est-elle assez longue pour lui
permettre de te parcourir ! Science infinie, que son

intelligence n'est-elle assez vaste pour t'embrasser tout entière! Hélas! dans le cercle même de nos occupations journalières, de nos ambitions de toutes les heures, que de lacunes, que de ténèbres! Dans notre royaume même, que de contrées inconnues, de pays inexplorés, d'aspects en hauteur que nous ne verrons jamais!

« Pendant que je travaille auprès de mon secrétaire, la lune luit sur la campagne et m'invite à la poésie; les grands arbres rêveurs me demandent ce que je fais de ma jeunesse si je ne la donne pas à l'amour. Des harmonies étranges frappent mes oreilles, et un art idéal, fier et pur comme l'Apollon, m'apparaît à travers quelques nuages, divinement couronné, m'attire à lui, me fascine de son regard. Et les absents aussi réclament mes pensées, et aussi le souvenir, la plus douce des amertumes, la plus aimée des douleurs.

« ... Mais la méditation, est-ce assez? C'est dans l'action que l'homme se montre. A quand les courses folles sur des chevaux qui fendent gaiement les brises légères de l'automne ? A quand les luttes, les grandes joies, les grandes douleurs, les champs de bataille et les émotions de la défaite et du triomphe?... la vie est trop courte et l'homme est trop petit. »

A cette fougue de désirs, d'aspirations passionnées et confuses, succède dans la dernière pièce une effusion d'amour ineffable s'achevant en un cri de détresse plus émouvant encore. L'expression égale le sentiment et la poésie de la félicité et de la douleur humaines a rarement trouvé des accents d'une aussi pénétrante beauté.

Deux Adieux

« Il y a dans « Roméo et Juliette, » outre la séparation suprême causée par la mort, deux scènes où les amants se disent adieu.

« Dans l'une, Roméo et Juliette viennent, pour la première fois, de s'avouer qu'ils s'aiment. L'émotion gonfle leur cœur, mais la joie n'en déborde pas seule. Le vague pressentiment des obstacles qu'ils auront à traverser pour s'unir, communique à leurs voix un accent de mélancolie et fait parfois monter des larmes à leurs yeux. Leur destinée vient de se décider dans un regard. Leur vue est trop troublée pour discerner clairement les difficultés qui les entourent ; ils sentent seulement que, si leur amour doit être éternel, les événements et les hommes les séparent.

« Ils se disent adieu, adieu jusqu'à demain. C'est à peine un éloignement de quelques heures. Et ils ne savent pas, au moment où ils se tiennent enlacés, s'il entre dans leur émotion plus de joie que de tristesse. Adieu charmant qu'on voudrait toujours redire, qu'il est doux de se rappeler, longtemps après qu'on l'a dit ; larmes de pur amour que les anges recueillent sans doute pour en composer les fraîches rosées de l'aurore.

« Dans la seconde scène, Roméo et Juliette viennent d'être unis. Mais l'alouette chante, les premiers feux du soleil blanchissent déjà l'horizon. Comme ils se sont élevés jusqu'à l'extrémité du bonheur humain, il leur faut descendre maintenant à l'extrémité de la douleur.

Car ce n'est plus, comme la première fois, le sentiment confus de difficultés vaguement entrevues : c'est l'exil immédiat, c'est l'absence, sans durée limitée, sans communications certaines ; ce sont mille dangers qui peuvent la rendre éternelle ; c'est un fragile espoir luttant contre tant de signes de deuils. Si le premier adieu était doux, qui pourrait exprimer l'angoisse de celui-ci ?

« Il n'y a pas de mots dans la langue ni pour dire combien l'on aime, ni pour dire ce qu'on souffre, lorsqu'on se quitte en s'aimant... Adieu cruel, qui ébranle tout l'être ; auquel, lorsqu'on y songe, on s'étonne d'avoir survécu ! Larmes brûlantes, qui desséchez le cœur avec les paupières, Adam dut vous répandre quand il fut chassé de l'Eden ; et Dieu a voulu que vous fussiez recueillies par sa postérité maudite, afin qu'elle n'oubliât jamais ce qu'est la véritable douleur. »

CHAPITRE IX

Les écrits d'Henri de Lassus que je viens de reproduire sont antérieurs à sa vingt-deuxième année, à l'exception des trois dernières pièces, qu'il écrivit entre vingt-deux et vingt-quatre ans. A partir de ce moment, absorbé par ses travaux chaque jour croissants de la Compagnie de l'Ouest-Algérien, il n'a rien laissé et sa correspondance même s'est presque arrêtée. Fixés à Paris, où l'un et l'autre nous passions les trois quarts de l'année, nous n'échangeâmes plus que des billets, et sauf quatre ou cinq lettres qu'il m'adressa du Midi ou d'Algérie dans les dernières années de sa vie, je n'ai plus rien d'intéressant, comme écrit, à citer de lui.

Je le regrette vivement, et d'autres le regretteront avec moi; car on pourrait lui appliquer le bel éloge, qu'il admirait fort de Mme Swetchine à Tocqueville : « Votre style ne demande rien qu'à la pensée elle-même. » Or, sa pensée toujours élevée, profonde, resta vivante et lumineuse en lui jusqu'à son dernier soupir. Étrange destinée! supérieurement doué comme écrivain, comme orateur et comme musicien, il n'écrivit guère plus qu'il ne composa et qu'il ne discourut. Et cet éminent esprit que l'art, les lettres, l'éloquence auraient dû se disputer, se trouva appliqué, jusqu'à la fin de sa courte carrière, à des travaux des plus honorables, des plus utiles, mais pour lesquels il ne semblait pas fait.

Qu'il fût ou ne fût pas fait pour eux, il les fit siens par devoir, et finit par s'y intéresser, comme on s'intéresse à tout ce qu'on fait bien. Il eut d'ailleurs à les partager bientôt avec des devoirs d'un autre genre, qui achevèrent d'envelopper sa vie d'un tissu si serré que le plus souvent pas une goutte de son temps ne pouvait filtrer au dehors. Je veux parler du doux lien nuptial, bientôt suivi du très doux lien paternel.

L'heure approchait en effet où l'exil de son cœur allait cesser. Quelques mois après sa comdamnation et sa prison triomphantes, quelques semaines après son pèlerinage musical à Munich, son mariage fut décidé, et il put donner à celle qu'il aimait silencieusement depuis leur rencontre en Algérie, le nom charmant de fiancée.

Il avait alors trente ans, une situation avantageuse qui le fixait à Paris, la certitude d'un brillant avenir, et la pleine possession de sa santé. L'accident de Cauterets qui l'avait momentanément éprouvé, était déjà bien loin, ne laissant chez lui d'autre trace qu'un goût plus prononcé pour les exercices physiques, seul moyen qu'il jugeait digne d'un homme de s'occuper de son corps en le fortifiant.

En France comme en Algérie, il s'était appliqué à se faire des muscles : nageur infatigable à Biarritz, cavalier à la campagne ou dans les Pyrénées, marcheur intrépide à Paris, allant à Versailles et en revenant à pied, maniant des haltères, se livrant au jeu du tennis avec une fougue et des bonds de vingt ans, il apportait

à tous ces exercices l'ardeur d'une passion contenue et
d'une forte volonté.

Il était donc préparé, du corps à l'âme, à porter sans
défaillance le poids du bonheur, souvent plus difficile à
soutenir que celui de l'épreuve; à contenir l'expression
de son amour devant les indifférents et les curieux et
à garder ses joies pour lui seul, comme il avait gardé
le secret de ses longues souffrances. Il n'y manqua
point. Le jour du mariage arrivé, c'est d'un air grave
et religieux qu'il conduisit à l'autel la jeune fille que
Dieu lui donnait pour épouse, et qu'agenouillés devant
le ministre de Jésus-Christ, ils échangèrent leur foi
dans un recueillement profond.

La chapelle des Carmes où ils se marièrent ne pouvait contenir la foule des assistants. C'était le 29 Septembre 1881, huit mois après l'épisode de l'expulsion
des Dominicains. Le Père Vallée, pour lequel il avait
lutté et souffert, voulut célébrer la messe de mariage,
et le Cardinal Richard, Archevêque de Paris, donna
aux jeunes époux la bénédiction nuptiale. Les témoins
étaient pour Henri, son oncle, le comte d'Ayguesvives,
auquel il devait sa carrière en Algérie, et M. Noblemaire; pour la mariée, M. Béhic ancien ministre de
l'Empire et le général Boissonnet, ancien sénateur,
son oncle paternel. On ne pouvait regarder sans émotion, à côté de leur fille, de leur nièce, ces deux frères,
ces deux généraux Boissonnet, représentants de cette
vieille armée française, si chère à l'âme patriotique
d'Henri de Lassus; et en face d'eux, célébrant la messe
nuptiale, ce Religieux, ami et conseiller spirituel du
marié, fils de ce grand Lacordaire qui, pendant plu-

sieurs années avait habité le couvent des Carmes et fait retentir la chapelle des accents de son incomparable éloquence.

La vue du Père Vallée ressuscitait en moi, pendant la cérémonie, le souvenir déjà ancien de ces instructions familières et géniales qui me ravissaient autant et me touchaient plus encore que les Conférences de Notre-Dame. L'Evangile du dimanche expliqué au prône de cette heureuse chapelle par le Père Lacordaire, c'était pour l'esprit un festin presque comparable à ce qu'est pour le cœur le festin eucharistique.

Quant à l'assistance qui se pressait dans la nef, elle était en partie la même que celle du procès correctionnel d'Henri de Lassus, et du parloir de la prison de la Santé, pendant qu'il y subissait sa peine. Ce rapprochement donnait à ces noces chrétiennes une émouvante solennité. On y touchait du doigt la réalisation de la parole éternelle du Christ à ses disciples déjà rappelée : « Cherchez premièrement le royaume de Dieu et sa justice, et le reste vous sera donné par surcroît. »

Ce reste qui lui était donné par surcroît en ce monde, c'était tout à ses yeux : la joie, l'amour, le bonheur, personnifiés dans celle qu'il aimait. Une seule année, l'année 1881, avait tout vu, la condamnation, la prison, la récompense. Avec l'année de sa mort, ce fut la plus grande année de sa vie.

Ai-je besoin de dire que les jeunes époux ne firent leur voyage de noces, ni dans le midi de la France, ni en Italie, mais en Algérie. Revoir ensemble, unis pour toujours, cette charmante villa mauresque où ils s'étaient rencontrés pour la première fois, goûter en pleine solitude, dans tout l'épanouissement de l'automne si merveilleux en ce coin privilégié de la terre africaine, la joie de vivre et de vivre l'un pour l'autre ; joindre aux rêves du passé devenus des réalités, les rêves d'un avenir éclairé par l'amour, n'était-ce pas toucher à la cime de la félicité humaine ?

Ineffable bonté de Dieu qui a créé, consacré les vierges, les épouses, les mères, et par un sublime mystère a fait une vertu de l'amour conjugal, source des joies les plus pures pour sa pauvre créature exilée sur la terre !

Arrivé à ce point culminant de la vie d'Henri de Lassus, je ne me reconnais plus le droit de l'appeler une vie crucifiée. Pour un amant de l'idéal, du pur amour comme lui, avoir trempé ses lèvres dans cette coupe presque divine, en avoir savouré l'ivresse pendant quelques heures, quelques jours, c'était assez pour lui faire comprendre le don de la vie, transfigurer ses douleurs. De ce jour à jamais béni, Henri eut le droit et le devoir de joindre à l'*Amen* quotidien de la résignation l'*Alleluia* de l'action de grâces. Mais la libéralité du Dieu clément ne s'arrêta point là. Pendant plusieurs années, il connut et goûta le prolongement dans son foyer chrétien de cette joie primordiale, et l'ombre, lumineuse encore de la croix ne se répandit à nouveau sur lui qu'afin de sanctifier le déclin de ses jours et de le préparer à sortir de l'existence pour entrer dans la Vie.

A cette époque, la plupart des compagnons ou des guides de son enfance et de sa jeunesse vivaient encore. Ils s'étaient trouvés réunis au jour de son mariage, et jouissaient avec lui de sa nouvelle existence. Pour ne parler que des disparus, son père et son oncle, le baron de Malaret, frère et intime ami de sa mère, suivaient avec tendresse, du cœur ou des yeux, le développement paisible de son bonheur. Tous deux moururent long-temps avant lui, et mon récit serait incomplet si je ne consacrais quelques pages à leur mémoire aimée.

Sa grand'mère, la marquise d'Ayguesvives, morte peu après le mariage d'Henri, mérite tout d'abord mon hommage attendri pour les soins maternels dont elle entoura son adolescence. C'était chez elle qu'il demeurait quand il venait à Paris, et la haute vertu, la piété indulgente, la bonté de cette vénérable aïeule, furent une des bénédictions de sa jeunesse. Elle avait passé la plus grande partie de sa vie à Toulouse, dans l'austérité d'un long veuvage; c'est là qu'elle vécut ses dernières années, supportant les épreuves inséparables de la vieillesse avec une résignation sans défaillances, et que, chargée d'ans et de mérites, elle rendit saintement son âme à Dieu.

Le baron de Lassus Saint-Geniès, père d'Henri, s'était retiré de la politique depuis la chute de l'Empire. Portant avec dignité sa disgrâce, il trouvait ses plus chères consolations dans la présence de ses deux fils, dans les soins de sa belle-fille, jusqu'au jour où, comme un vieux soldat en retraite, il tomba terrassé par une attaque de paralysie. Il quitta Paris pour chercher à refaire, dans son château de Saint-Geniès, sa santé gravement atteinte. Mais le mal fut le plus fort, et le retint jusqu'au bout à la campagne, non pas immobile, mais presque paralysé d'une jambe et pouvant, non sans peine, faire quelques pas dehors, appuyé sur un bras et sur une canne. Grâce à Dieu la paralysie avait épargné sa langue, son intelligence, son cœur, et il jouissait de loin du bonheur de ses enfants absents. Le mariage de son fils aîné avec la fille de Gounod fut la dernière joie de sa vie. On eut dit qu'il n'attendait que ce bonheur pour envoyer à Dieu son *nunc dimittis*. Il se préparait à recevoir la visite des nouveaux mariés quand, trois jours après la cérémonie nuptiale, il mourut presque subitement, en leur envoyant sa bénédiction.

Un de ses plus ardents désirs avait toujours été de voir ses fils lui donner des petits-enfants pour éclairer ses derniers jours. Ce fut même la raison principale qui, lors de la guerre de 1870, l'avait porté à s'opposer au départ d'Henri, à la suite de son frère. Ce vœu si naturel du père de famille commença à se réaliser de son vivant. Deux ou trois ans avant sa mort, le fils aîné d'Henri venait au monde, et à la suite de ce premier-né, sept autres garçons, issus des deux frères, assurèrent, autant qu'une chose peut être assurée ici-bas, une longue durée au nom si noblement porté de Lassus Saint-Geniès.

Paul d'Ayguesvives, baron de Malaret, camarade de collège, ami d'enfance de Mgr de Ségur, dont il devint le beau-frère, était un des hommes les plus séduisants de son temps, par sa haute intelligence, son esprit charmant, son extérieur d'une exquise distinction. Entré de bonne heure dans la carrière diplomatique, il y avait brillé partout par ses qualités sérieuses et ses grâces mondaines. A Rome, où il débuta avec le titre d'attaché d'ambassade, comme à Londres, Hanovre, Berlin, La Haye, Bruxelles, Turin et Florence où il représentait la France en 1870, à la chute de l'Empire, il avait traversé bien des vicissitudes, et toujours, à force de droiture et de fermeté, il s'en était tiré avec honneur.

A Turin et à Florence surtout, il eut le courage d'envisager en face et de signaler au gouvernement de l'empereur les dangers de la question romaine et de la diplomatie italienne, au point de vue des intérêts matériels et de la grandeur morale de la France.

Souvent séparé des siens par sa carrière, il les revoyait toujours avec une grande joie, et je crois pouvoir dire sans exagération que, parmi ses neveux et nièces, les fils de sa sœur de Lassus lui étaient particulièrement chers. Il admirait en père plutôt qu'en oncle les dons éminents d'Henri (le seul dont je raconte la vie) et je l'entendis plus d'une fois me parler avec émotion des vertus qui, chez ce jeune homme d'élite, égalaient le talent.

Henri de son côté était fier de cet oncle si spirituel et si bon, si élégant dans sa simplicité, dont le caractère, énergique dans les grandes circonstances, avait quelque rapport avec le sien. Voici de cette énergie un trait qui en donnera la mesure.

C'était à l'ambassade de France à Londres, au temps où l'ambassadeur avait nom Pélissier, duc de Malakoff. Paul de Malaret, alors premier secrétaire d'ambassade, avait été choqué plus d'une fois de la rudesse presque brutale du maréchal dans ses rapports avec son entourage, spécialement avec les officiers attachés à sa personne, qui ne pouvaient lui répondre, la discipline militaire leur faisant une loi du silence. Avec les membres de l'ambassade, il s'observait un peu plus, mais il lui arrivait parfois de les blesser par son attitude et ses paroles.

Un jour qu'il avait dépassé la mesure, Malaret n'y tint plus, et au nom de ses collègues comme au sien, il alla le trouver, et, résolu à briser les vitres, il l'aborda, la tête haute, pâle mais très maître de lui : « Monsieur l'ambassadeur, lui dit-il, en voilà assez. Nous ne pouvons supporter plus longtemps que vous nous parliez de cette façon-là, et moi qui ne vous dois pas l'obéissance militaire comme vos officiers, je vous déclare que si vous continuez, je vous répondrai sur le même ton. » — « Comment ? Quoi ? Qu'osez-vous dire ? s'écria Pélissier hors de lui ; oubliez-vous à qui vous parlez et savez-vous à quoi vous vous exposez ? » — « Oui, je le sais, et il est possible que je brise ma carrière ; mais je suis un homme d'honneur et je ne me laisserai insulter par personne. » Le maréchal, les yeux hors de la tête, s'avança vers l'audacieux secrétaire qui, sans bouger et le regardant en face répondit : « Croyez-vous me faire peur avec vos airs de croquemitaine ? » Et ce disant il attendit le choc de pied ferme. — Au fond de la salle, les attachés d'ambassade, à demi cachés derrière une porte entr'ouverte, muets, effrayés et ravis de son courage, suivaient du regard cette scène dramatique.

Un silence se fit ; la physionomie de Pélissier changea subitement. Il éteignit ses yeux, desserra ses poings, et surpris, content peut-être de trouver en face de lui un homme, il s'avança vers Malaret la main tendue :

« Touchez-là, lui dit-il, vous avez du cœur ; je vous pardonne et je retire les paroles qui vous ont offensé. » — De ce jour, le maréchal eut avec lui et le personnel de l'ambassade l'attitude d'un supérieur qui se respecte et respecte les autres.

Peu de temps après, Paul de Malaret fut nommé ministre plénipotentiaire, et il se demanda si le duc de Malakoff n'y avait pas été pour quelque chose. Il savait que, par un sentiment assez commun chez les violents, Pélissier appréciait ceux qui osaient lui tenir tête, et que, sous la rudesse de langage et de tenue qu'il affectait, il cachait un esprit fin et un cœur généreux.

Après la guerre, le baron de Malaret se retira dans une terre qu'il possédait non loin de Toulouse, près de sa mère, de ses frères et sœurs, et d'Henri de Lassus qu'il vit souvent à l'époque de son stage d'avocat. Il en sortit après quelques années de retraite pour aller remplir en Egypte le poste important de contrôleur général des finances au nom de la France. Il déploya dans cette tâche délicate le tact d'un diplomate, avec la fermeté d'un homme de cœur, d'un bon français : qualités nécessaires devant les exigences de l'Angleterre qui, dès cette époque, s'apprêtait à traiter l'Egypte en terre conquise et le Kédive en vassal.

Il y perdit sa santé et il revint en France, sa mission terminée, espérant se reposer longuement dans les douceurs de la vie de famille. C'était en 1879. Quatre ans plus tard, il était appelé de Rome, où il se trouvait, à Paris pour assister aux derniers jours d'une fille adorée qui rendit son âme à Dieu dans les bras de son malheureux père. Je n'oublierai jamais la scène de la mise en bière de cette charmante créature; elle, semblable à une vierge endormie dans son linceul, qui l'enveloppait ainsi qu'une robe blanche de première communiante, les mains chastement croisées sur la poitrine, ses cheveux blonds partagés sur le front comme ceux d'une Madone respirant la paix du paradis; et lui, le père, debout, immobile, pâle et muet comme une statue de la douleur, les yeux fixés sur sa fille, avec une expression de souffrance inénarrable... La bière fut fermée; il se laissa emmener sans faire un geste, sans dire une parole, et alors seulement, alors enfin, il pleura.

Il se retira le cœur brisé dans sa terre de Malaret où il mourut en 1886. — Sa dernière année fut la plus douloureuse et, au point de vue spirituel, la plus heureuse de sa vie. En 1885, quinze jours après Pâques, revenant avec sa seconde fille de la petite église de Malaret où ils avaient entendu la messe, il lui avait exprimé la volonté de mettre ordre aux affaires de sa conscience et son vif désir de trouver un prêtre capable de le comprendre et d'éclairer sa foi. — Deux heures plus tard, Dieu lui répondait par la grâce d'une douloureuse attaque de paralysie qui mit sa vie en danger et le laissa dans l'impuissance de s'exprimer. Il pouvait articuler les mots, mais sans trouver ceux qu'il fallait dire pour énoncer sa pensée : lutte terrible d'une intelligence toute vivante contre un organe rebelle à la servir.

Il y eut, dès les premiers jours de cette épreuve, un incident singulièrement dramatique. Se trouvant avec sa fille, il cherchait par des mots incohérents, par des gestes, à lui expliquer un désir auquel il semblait atta-

cher une grande importance, et il n'y parvenait pas.
Pendant des heures, des jours, qui furent des siècles
pour tous les deux, il s'agitait, se désespérait en vain
et elle s'épuisait en vain aussi à deviner sa pensée.
« Est-ce telle chose? — Non. — Telle autre? — Non! »
Et ce Non! exprimé par un mouvement de tête énergique, était accompagné de regards désolés et navrants.
Enfin, par une sorte d'inspiration du ciel, elle lui demanda : « Ne serait-ce pas que vous voulez voir M. le
Curé? » — A ce mot, son visage se transfigura, il pleurait, souriait, levait les bras au ciel avec une telle explosion de joie que sa fille ne put retenir ses sanglots.
Mme de Malaret, avertie, partit sur le champ en voiture
et ramena bientôt le jeune et pieux Curé de la paroisse,
qui, déjà, au moment de son attaque, lui avait admi-
nistré le sacrement de l'Extrême-Onction, tandis qu'il
était sans connaissance.

A la vue du ministre de Jésus-Christ, la joie du malade ne connut plus de bornes. Il lui tendit les bras, le
serra sur son cœur en pleurant et demeura longtemps
enfermé avec lui. A partir de ce moment, Paul de Malaret mena l'existence d'un de ces saints religieux qui,
voués au silence, séparés du monde, vivent, pour ainsi
dire, en tête à tête perpétuel avec Dieu. Le bon petit
Curé de campagne, d'une piété et d'une simplicité
évangéliques, répondait à toutes ses aspirations,
semblait lire à livre ouvert dans son cœur, et lui
apportait de temps en temps le suprême consolateur,
Jésus-Christ vivant dans la divine Eucharistie.

Acceptant son infirmité, demandant pardon de ses
impatiences involontaires, sensible à tous les soins qu'on

lui donnait, Paul de Malaret baisait, à défaut de paroles,
les mains de sa pieuse fille et de sa femme devenues
ses garde-malades : reconnaissance muette qui les touchait jusqu'aux larmes. Pendant une année entière, le
temps s'écoula ainsi jour par jour, sans murmures,
sans désolations, dans la paix souveraine de Jésus cru-
cifié. Puis, le 19 Mai 1886, une seconde attaque
d'apoplexie lui enleva la connaissance et il ne se
réveilla de cette agonie de quatre jours, sans aucune
souffrance apparente, que pour entrer dans la bienheu-
reuse éternité.

Henri de Lassus le pleura, comme il avait pleuré son
père, peu de semaines auparavant, avec une douleur
mêlée d'une grande et suprême espérance. Il avait alors
près de cinq ans de mariage, et ses deux premiers-nés
commençaient déjà près de lui leur traditionnelle mission, faite de tourments et de charmes. Comme toutes
les passions, l'amour paternel a ses joies et ses peines,
et quand on compare l'enfant à la rose, la comparaison
est d'autant plus juste que l'enfant ne va jamais sans
épines. C'est une affaire de plus ou moins, et sous ce
rapport le foyer d'Henri fut parmi les plus favorisés. Il
ne perdit aucun de ses enfants, pourtant nombreux, et
nulle maladie grave ne troubla les nuits de leurs parents. L'avenir leur réservait d'autres soucis amers,
mais les six premières années de leur union furent manifestement des plus heureuses.

Elles furent même marquées de deux événements
qui les remplirent de joie : le mariage, dont nous avons
déjà parlé, du frère aîné d'Henri qui, en 1883, épousa
Mlle Jeanne Gounod, fille de l'illustre musicien ; et un

peu plus tard, l'achat de la terre de la Nine, dans la
Haute-Garonne. Le mariage, au lieu de lui enlever son
frère, lui donna une sœur de plus, et les deux jeunes
femmes, intimement unies, ne firent que cimenter par
leur tendresse mutuelle, l'intimité fraternelle de leurs
maris.

L'acquisition d'une propriété où il pût être chez lui,
à la campagne, était un rêve depuis longtemps caressé
par Henri. La mort de son père changea ce désir vague
en ferme volonté. Saint-Geniès, la terre de famille,
devant revenir de droit à son frère, il résolut de chercher et d'acquérir quelque habitation pas trop éloignée
de Toulouse, qui pût lui offrir un séjour agréable de
vacances, et plus tard, à l'âge du repos, une retraite où
la fin de ses jours s'écoulerait dans l'oubli du monde et
la paix de l'âme.

Il rencontra, plus vite peut-être qu'il ne l'eût sou-
haité, une occasion si tentante, que c'eût été folie de la
laisser échapper : un manoir assez vaste, à la fois pit-
toresque et facile à habiter, vieux et facile à rajeunir,
couronnant une haute colline, au bas de laquelle s'étendait un village habité par de vrais villageois, orné
d'une église rustique, entouré de champs bien cultivés,
offrant aux regards charmés du parisien par devoir le
contraste d'une solitude qu'anime le travail avec l'agitation bruyante des grandes villes. Henri n'hésita
point et bientôt, il se trouva seigneur et maître de la
Nine.

J'ai dit que depuis son établissement à Paris, il m'écrivait rarement. Voici cependant une lettre de lui, datée
d'Octobre 1886, dans laquelle il me parle de son acqui-

sition, et que je cite presque dans son entier, à cause
du charme toujours le même de son style.

« Votre lettre m'a en effet trouvé de retour à Paris,
où je suis revenu depuis le commencement du mois.
J'ai laissé ma femme et mes enfants à la Nine, c'est le
nom de ma nouvelle propriété, et je compte aller les y
chercher dans les derniers jours de Novembre. Je n'ai
pas besoin de vous dire combien votre souvenir m'a
touché. A vrai dire je compte trop sur votre affection
pour en être surpris. Mais je suis un peu confus tout de
même que vous ayez pris la généreuse initiative de
m'envoyer à l'avance l'absolution que j'aurais dû vous
demander d'abord, pour le long silence que j'ai gardé
vis-à-vis de vous. Vous le comprenez bien, ce silence
n'est pas fait d'oubli; il n'y en entre pas une parcelle.
Mais il est la suite de cette sorte d'engourdissement
intellectuel et moral où des occupations parfois ingrates
et des préoccupations presque constantes m'ont insensiblement conduit. Grâce à Dieu le cœur bat encore,
et jamais plus vivement que lorsqu'il s'agit de vous.
« Je suis satisfait de l'acquisition que j'ai faite dans le
Midi. C'est loin d'être charmant comme vous me le dites
et il n'y a là de quoi combler que des ambitions entièrement modestes. C'est le cas des miennes, et je me tien-
drais en effet pour heureux si je pouvais vivre en paix
dans ce rustique endroit. Après la mort de mon père et
les arrangements que j'ai pris avec mon frère pour
qu'il conservât la terre de Saint-Geniès, il me semble
que je serais tout à fait déraciné, si je ne me créais pas
un nouvel intérêt dans mon pays. Et comme je suis très

éloigné de la perfection chrétienne, cette perspective
de n'avoir ni feu ni lieu m'a effrayé. J'ai saisi une occasion qui s'est présentée beaucoup plus tôt que je ne le
pensais, et j'espère n'avoir pas à m'en repentir. Je ne
me dissimule pas que j'habiterai fort peu la Nine, et
c'est très probable, au contraire, que ma vie s'écoulera
à Paris, dans quelque cinquième étage, à rêver au moment où je pourrai revenir chez moi, sans y toucher
jamais. Mais il y a des illusions agréables à entretenir,
même lorsqu'on sait bien, au fond, que ce sont des illusions... Je vois avec plaisir que vous avez remarqué que
la Nine était sur le chemin de Lourdes. Faites donc
quelque vœu à la Sainte Vierge et jurez surtout de
l'accomplir dans les environs du mois de Septembre. Il
manquerait toujours, pour moi, quelque chose à ce
nouveau foyer, si vous ne deviez pas y venir. Chargez-
vous de mes meilleurs souvenirs pour vos enfants, et
conservez l'habitude de me pardonner, comme je conserve celle de vous aimer.

« HENRI. »

Si le nouveau propriétaire de la Nine ne put y faire
les longs séjours tant rêvés, il y trouva du moins, dès
ses premières visites, la paix morale, le repos physique
qu'il y cherchait; et les quelques mois qu'il y passa
chaque année comptèrent parmi les plus heureux de
son existence. Dès sa jeunesse il avait aimé la vie saine
de la campagne, saine au point de vue de la pensée, de
l'indépendance du jugement. Il avait toujours gardé,
de ses jeunes années, le goût des fleurs, et dans son
long séjour à Saint-Geniès avant son départ pour l'Al-

gérie, il mettait ses délices à se faire jardinier. À la Nine il retrouvait ces aimables et réconfortantes occupations avec l'intérêt qu'ajoutent à la vie des champs les devoirs et la responsabilité du châtelain vis-à-vis des simples habitants du village.

L'agriculture, les progrès à introduire dans ses procédés, le bien-être matériel et l'élévation morale des paysans, le soin de leurs intérêts généraux, chemins à ouvrir, subventions à obtenir, éducation des enfants de l'école, sans compter celle du maître, tout cela l'intéressait au plus haut point, et la population rurale en même temps que montagnarde de ce petit pays, éloigné des villes et de leurs dangers, offrait un terrain facile à ses généreux efforts. — Dès le premier jour il se donna à cette œuvre avec toute l'ardeur de sa charité, et par ce dévouement à la chose commune sans négliger les intérêts particuliers, il acquit très rapidement sur ces braves gens une extrême influence fondée sur un affectueux respect.

Il y avait dans cette petite commune perdue des querelles, des contestations d'autant plus vives qu'elles étaient au fond sans gravité. — Le curé de la paroisse, très respecté de ses ouailles, se tenait sagement en dehors de ces questions d'ordre administratif, compliquées de petits intérêts privés. Henri, étranger au pays, n'avait pas les mêmes ménagements à garder. Bien accueilli partout, il allait visiter les paysans dans leurs chaumières, caressait les enfants, causait familièrement avec tous, leur parlait avec bonté. Grâce à cette active intervention il parvint à les mettre d'accord sur des questions restées en suspens depuis plus de vingt ans par des jalousies de personne. Pour écarter tout soupçon de vues intéressées, d'ambition politique, il avait déclaré dès le principe qu'il n'accepterait jamais une candidature; ami de tous il ne voulait être le concurrent de personne.

C'est ainsi qu'il se fit aimer en se faisant connaître, en se donnant le premier, et qu'il parvint même à ramener à ses idées sociales et religieuses des adversaires de vieille date, désarmés par sa bonté, vaincus par son indulgente supériorité. Se voyant aimé, lui-même aima davantage, et tel était son amour pour la Nine que c'est en ce petit coin écarté du monde qu'il voulut vivre ses derniers jours et rendre le dernier soupir.

Dans sa lettre citée plus haut, Henri parlait de quelque cinquième étage, où il craignait de porter jusqu'au bout son existence, ou du moins de vieillir loin de la Nine. Au moment où il écrivait, il habitait en effet un cinquième étage, un peu difficile sans doute à escalader, mais où tout semblait répondre à ses goûts et aux nécessités de sa vie. Pour lui, pour sa femme et ses enfants, il fallait de la place, de l'air, de la lumière, et cet appartement leur offrait tous ces charmes réunis. On y accédait par un bel escalier digne de la beauté de la maison, et quand on l'avait gravi, on se trouvait dans un vaste logement, où l'air et le soleil entraient librement par des fenêtres à balcon. De cette hauteur, la vue s'étendait au loin, et si, au lieu de toits, elle avait pu se reposer sur la verdure mobile de grands arbres, on se serait cru à Saint-Geniès ou à la Nine.

Pourquoi Henri quitta-t-il cette résidence presque aérienne, dans les dernières années de sa vie? Sans

doute à cause de son élévation même et de ses cent-
vingt marches à gravir. — Et puis il dut être tenté par
le charmant petit pavillon qui s'offrit à lui, tout près de
l'église de la Trinité, et qui devint sa dernière résidence
à Paris : c'était une retraite, si calme et solitaire au fond
d'une grande cour, qu'on aurait pu s'y croire à la campagne. Je l'y visitai plus d'une fois, je m'assis à sa table
et j'admirai l'élégance modeste de son installation. On
y sentait la race comme dans sa personne, et le goût
délicat, l'amour de l'art s'y révélaient jusque dans les
moindres détails.

Dans la phase heureuse de son existence que je
raconte, ses enfants encore très jeunes, ne lui causaient
d'autre souci, souci bien léger, que celui de leur santé.
Déjà cependant, il observait leur caractère naissant, et
commençait avec son fils aîné, alors âgé de six ou sept
ans, cette œuvre de formation spirituelle et morale qu'il
estimait le premier, le plus important de ses devoirs. Il
se regardait comme responsable devant Dieu de ces
âmes innocentes dont il avait la charge, et longtemps
même avant l'âge de raison, il aidait leur mère à deve-
lopper en elles ce qu'on pourrait appeler l'instinct de la
foi, de la prière, de l'amour de Dieu.

Cette période de 1881 à 1887 fut la plus importante
de sa vie au point de vue de sa carrière et de ses devoirs
d'état. Les quelques années qu'il avait déjà consacrées à
l'étude, au développement, à la direction de la Compagnie dont il était le secrétaire général, lui en avaient
donné la parfaite intelligence. D'autre part la promptitude, la largeur de sa conception, la fermeté de son
esprit, ses qualités de gouvernement avaient agrandi

sa charge, peu définie, dans des proportions considérables. — Dès cette époque. il était le conseil, je puis dire le collaborateur et l'ami de M. Peytel, réorganisateur de la Compagnie dont il est devenu le président. Et même avant son mariage, en 1879, lors de la mission en Algérie dont j'ai parlé, voici d'après les documents officiels en quels termes elle était définie : « Mission en Algérie, où, de concert avec M. Peytel, M. de Lassus s'occupera de questions techniques, administratives, et réorganisera les services de l'exploitation. »

C'est dans cette même période que se place un fait caractéristique de la supériorité d'esprit d'Henri de Lassus, et de l'impression qu'il produisait sur les personnages les plus compétents et les moins prévenus en sa faveur.

Le Ministre des travaux publics avait convoqué les représentants de diverses Compagnies de chemins de fer, au sujet d'une question technique importante. Henri était le délégué de la Compagnie de l'Ouest-Algérien. Chacun, interrogé par le Ministre, devait défendre les intérêts spéciaux de sa Compagnie, exposer ses vues générales et examiner la question sous toutes ses faces. — Quand vint le tour d'Henri, il s'exprima avec tant de netteté, de force, en même temps que d'intelligence des affaires et de talent oratoire, que le Ministre en fut singulièrement frappé. Il voulut savoir son nom, sa situation, et il témoigna à plusieurs des personnes présentes, notamment à M. Noblemaire, la vive impression que cet orateur inconnu. cet habile administrateur, d'apparence si juvénile, avait faite sur lui.

Cette impression qu'il produisait sur les hommes

élevés par leur génie, leur talent ou leur situation,
depuis Rossini, Gounod, le général Chanzy, jusqu'aux
avocats et aux magistrats de Toulouse, à ses juges de
Paris, aux ingénieurs et aux Ministres, s'étendait au
personnel de sa Compagnie, spécialement des bureaux
dont il était le chef, comme secrétaire général. Tous
reconnaissaient en lui un homme supérieur et lui témoi-
gnaient une respectueuse affection. — Comment eut-il pu
en être autrement ? Outre le charme qui s'exhalait de sa
personne, ses rapports avec tous, chefs ou petits employés, respiraient l'aménité, la bonté tempérée d'assez
de fermeté pour ne pas dégénérer en faiblesse. Il s'intéressait à leur travail, à leur avancement, s'informait
auprès des plus humbles de leur situation de famille, de
leurs peines plus fréquentes que leurs joies ; il faisait
plus, et Dieu seul sait le nombre des services rendus,
des bienfaits de toute sorte dont son humilité gardait le
secret, vis-à-vis même de sa famille et des plus intimes
amis.

Le principe de ces vertus, de ces œuvres publiques
ou cachées, étaient la foi pleine d'amour, qui, fortifiée
par les épreuves vaincues, possédait son âme et vivifiait
tous ses actes. Cette foi et cet amour de Dieu étaient
simples, larges, ininterrompus comme la sève des
grands arbres, qui, des racines et du tronc, se répand
incessamment dans les moindres branches et pénètre
jusqu'aux feuilles les plus menues.

Un mot, une pratique résument tout : il faisait la
volonté de Dieu. Le *Pater* et dans le *Pater* le *fiat voluntas*, voilà sa vie religieuse tout entière. Suivant la
ravissante expression du Père Lacordaire, « il redisait

sans cesse cette divine parole sans se répéter jamais. »
N'est-ce pas la parole des Anges, chantée dans la nuit
du Noël : « Paix aux hommes de bonne volonté. » Or
Dieu seul est bon, a dit le Sauveur, et manifestement,
la seule bonne volonté sur la terre est la volonté de
l'homme se conformant en tout et toujours à la volonté
de Dieu.

Le Père Vallée (que je pourrais appeler son confident
spirituel), me disait à ce propos avec un sens profond :
« J'ai entendu des amis d'Henri exprimer le regret qu'il
fût peu mystique; mais qu'y a-t-il de plus mystique que
la présence de Dieu dans l'âme chrétienne? Or la pensée
de Dieu ne quittait pas la sienne. C'était l'alpha et
l'oméga, la racine et la fleur de toutes ses actions. Henri
était donc mystique par excellence. »

Quant aux dévotions proprement dites, qui chez lui
traduisaient en actes ce principe de vie, elles étaient
simples et larges comme sa foi et son amour de Dieu,
condensés en ces trois pratiques : la messe, la méditation, la visite des pauvres. Il remplissait exactement
tous les devoirs prescrits au chrétien par les commande-
ments de l'Église; et, comme le Saint Sacrement est le
cœur même du christianisme, il mettait l'assistance au
sacrifice de la messe au premier rang de toutes les
œuvres. Il allait à la messe dans la semaine aussi
souvent qu'il le pouvait; et, à Saint-Jean-de-Luz, où il
passa deux automnes de suite vers la fin de sa vie, il y
assistait tous les jours comme naguère à Saint-Geniès,
avant son départ pour l'Algérie.

D'une manière générale, la religion était pour lui la
base nécessaire, fondamentale de la famille, du gouver-

nement, de l'État, dans toute société humaine. C'est sur l'enseignement de la religion catholique qu'il élevait de ses mains, dans son foyer, tout l'édifice de l'éducation de ses enfants. Il voulait qu'ils apprissent à prier en apprenant à parler, et il mettait, dans la solidité de ces premières assises, toute son espérance en la conscience, l'honneur, le bonheur même terrestre de ces chères petites âmes dont il était l'éducateur et le père.

Malgré cette rigueur de principes, l'intérieur d'Henri n'avait rien d'austère, ni de monacal. Une aimable gaieté y régnait, et son bonheur était de se délasser avec ses enfants et leur mère, des fatigues parfois excessives de son travail. Quand les petits étaient en âge de se tenir sur une chaise, il les faisait dîner à table pour ne rien perdre de leurs mines et de leur babillage. Dans la soirée, lorsque ce petit peuple turbulent et joyeux, désertant le salon, avait regagné sa chambre et dormait à poings fermés, Henri se mettait au piano, faisait de la musique avec sa femme, devant quelques intimes qui souvent les venaient visiter.

De temps à autre ils allaient au spectacle, Théâtre français, Opéra, Opéra-comique ; plus souvent aux concerts Lamoureux, Colonne, aux matinées du Conservatoire, aux grandes auditions musicales dont le goût s'est si rapidement répandu dans le public parisien.

Depuis le mariage de son frère, les deux ménages fraternels se réunissaient souvent chez Gounod, et les heures s'écoulaient rapides et sonores dans le cabinet de travail du grand compositeur, sanctuaire de l'art, de l'esprit et de la plus charmante amitié. Au fond de la vaste pièce s'élevait un orgue presque monumental, dont

Gounod tirait des harmonies enchanteresses. Quelquefois il chantait en s'accompagnant. Dans la pénombre, son beau visage, sa toque de velours noir et sa grande barbe blanche, prenaient un aspect de moyen-âge. On eût dit un de ces vieux Maîtres, précurseurs de Bach, Lassus ou Palestrina, dont César Franck a, dans ces derniers temps, rajeuni l'Œuvre grandiose. Une grande statuette du Père Lacordaire, debout sur un piédestal, se dressant près de lui dans sa blanche robe dominicaine, complétait l'évocation.

Je me souviens qu'un jour, je me trouvais là avec Henri. Gounod était au piano; nous l'écoutions en silence. Il se mit à chanter son admirable cantique « Le Ciel a visité la terre. » — Après le premier couplet, Henri se penchant vers moi me demanda à demi-voix d'un ton, avec un regard que je n'oublierai jamais : « Les paroles sont de vous? » — Je lui répondis par un signe affirmatif. Il n'ajouta rien, mais son accent, son regard inexprimablement beau dans ces moments d'émotion contenue, pénétrèrent jusqu'au plus profond de mon cœur. J'y sentais plus qu'une louange : une communion de foi et d'amour, sans laquelle il n'y a point de parfaite amitié.

CHAPITRE X

J'arrive à l'année 1887 qui ouvre la dernière partie de la vie d'Henri de Lassus, période de près de dix années, mêlée d'activité féconde et de repos, de travaux importants, de voyages multipliés, de douces joies de famille et de sacrifices douloureux, terminée brusquement par une attaque terrible d'influenza, qui le mena en moins d'une année, d'une santé encore vigoureuse à une consomption de quelques mois et une mort prématurée.

Les premiers mois de 1887 s'étaient passés pour Henri dans les travaux habituels d'une vie de bureau si intense, si compliquée, malgré son apparente monotonie, qu'elle semblait dépasser les forces humaines. Par sa conscience, je pourrais dire son obstination héroïque à s'occuper à fond de toutes les affaires qui passaient sous ses yeux, par l'étendue de ses attributions que sa capacité et sa vaste intelligence accroissaient chaque jour, il était parvenu presque inconsciemment à un degré de fatigue insoutenable. Pour en donner une idée, il me suffira de dire que, lorsque neuf ans plus tard, après sa retraite suivie de près par sa mort, il fallut lui donner un successeur, on se trouva en face d'un problème insoluble. Entre ses mains, le secrétariat général avait pris une telle importance qu'on chercha vainement un homme en état de porter seul un tel fardeau. On se décida (je tiens le fait du Directeur lui-même de la Compagnie de l'Ouest-Algérien) à ne pas le remplacer, et à partager ses attributions entre plusieurs services confiés à des agents divers.

Néanmoins, Henri, fatigué par cette tension générale de l'esprit plutôt que par la vie même qu'il menait, ne songeait nullement à demander un congé extraordinaire; il se contentait d'aspirer plus ardemment que jamais à la détente salutaire des vacances, lorsque, au mois de Juillet 1887, il fut atteint d'une congestion pulmonaire que nul symptôme ne faisait prévoir.

Cette congestion, assez légère d'abord, ne l'inquiéta point. C'était un principe, ou du moins une habitude absolue chez lui, de ne jamais compter avec sa santé; craignant de tourmenter sa femme qui venait de lui donner un troisième fils, il ne s'alita point et négligea, pendant les premiers jours, de se soigner autrement que pour une indisposition.

Bientôt pourtant, sentant l'oppression augmenter, n'ayant pas de médecin attitré, il alla consulter un de ses amis et compatriote, chirurgien célèbre, homme d'un grand cœur, le docteur Marchand, qui le trouva fortement atteint et lui fit comprendre le devoir impérieux de se soigner et de faire venir un praticien.

C'était bien tard : le médecin appelé constata une congestion des plus graves. La maladie suivit son cours et à certains moments donna les plus vives inquiétudes. Enfin, après de mortelles semaines, la constitution alors vigoureuse du malade l'emporta. Le danger disparut, et la convalescence fut assez prompte pour qu'il pût être emmené à la Nine vers la fin d'Août. Il y passa près de trois mois délicieux à se refaire dans l'air salubre de sa chère campagne et voici la lettre qu'il m'écrivit le 30 Octobre 1887 pour m'annoncer son retour à la santé.

« J'aurais dû vous remercier plus tôt de l'affection que vous m'avez témoignée pendant ma maladie. Je ne pouvais pas douter, comme vous me le dites, de la part que vous prendriez à l'épreuve que je traversais. C'est en effet l'une de mes plus anciennes et de mes plus vives satisfactions que cette habitude de compter, en toutes circonstances, sur une amitié comme la vôtre. Grâces à Dieu, je n'ai pas fait encore pour cette fois le voyage de l'autre monde. J'en remercie la Providence, car il me semble que j'ai encore pas mal à faire dans celui-ci, pour m'acquitter convenablement de la besogne qui m'incombe. Je peux et je veux espérer que cette guérison deviendra définitive ; mais je ne me dissimule pas cependant que j'offrirai probablement moins de résistance aux fatigues dont le poids a déjà dépassé mes forces. Je vais donc repartir pour le champ de bataille où j'ai déjà été battu, avec de moins bonnes armes qu'auparavant ; mais peut-être aurai-je plus de chance.

« J'ai appris avec plaisir les bonnes nouvelles que vous me donnez des vôtres. Je me fais une joie de vous revoir tous dans quelques jours ; car je pense arriver à Paris vers le 7 Novembre. Je ne sais si mes médecins me permettront d'y passer l'hiver. Il me semble, aux progrès que j'ai faits, qu'ils peuvent m'accorder cette permission en toute conscience, et je le désire ardemment, car un éloignement prolongé de Paris entraî-

nerait pour moi d'assez grandes difficultés. Si cependant
c'était nécessaire, je pourrais probablement m'arranger
pour obtenir de la Compagnie de l'Ouest-Algérien une
mission temporaire en Algérie.

« Je ne vous ai guère parlé que de moi. C'est une
faiblesse que vous pardonnerez à un convalescent dont
les forces physiques sont presque complètement réta-
blies, mais qui éprouve encore quelque peine à fixer son
attention pour penser et pour écrire. Je n'ai ni n'ai eu
jamais de peine, par exemple, à orienter mon cœur, et
vous savez qu'il se dirige constamment du côté où vous
êtes. Ma femme et ma mère vous envoient leurs
meilleures amitiés. Je vous embrasse tendrement et
vous prie de ne pas m'oublier auprès de vos enfants.

« HENRI. »

Cette lettre établit avec une parfaite exactitude le
caractère de sa maladie et l'état de sa santé après la
crise. Causée par un long surmenage intellectuel, cette
rude attaque était une sommation bienveillante de la
Providence, destinée à le préserver d'une rechute par
de faciles précautions. Les médecins, plus prudents que
leur client, en jugèrent ainsi, et le Directeur de sa
Compagnie se prêta d'autant plus volontiers à leurs
désirs que de nouveaux travaux à entreprendre ou à
diriger rendaient utile et opportune la présence prolongée de celui que ses travaux antérieurs désignaient pour
cette importante mission.

Henri repartit donc avec sa femme et ses enfants pour
passer toute la mauvaise saison à La Touche : c'était le

nom de la villa charmante, théâtre de leur première
entrevue, de la naissance et de l'épanouissement de leur
sympathie, où ils étaient retournés dans leur voyage de
noces. Henri rayonnait de là sur le vaste territoire de
la province d'Oran, où se poursuivait l'exécution des
nouvelles lignes de sa Compagnie, retrouvant avec
bonheur, dans cette vie au grand air, dans ses courses
à cheval, les forces qu'il y avait puisées quelques années
auparavant et que son séjour permanent à Paris,
avec les complications de la vie parisienne, avaient
diminuées.

C'est à la fin de ce premier hiver passé à La Touche,
à l'aube du printemps, avant de revenir à Paris, qu'il
fit, en dehors de ses excursions ordinaires, deux longs
voyages, l'un jusqu'à Aïn-Safra, à l'extrême limite du
Sud-Oranais, l'autre dans la province d'Alger pour
étudier le projet d'un chemin de fer d'Alger à Laghouat,
par Médéah, Berrouaghia, Boghari. Cette lointaine
exploration faite en voiture, dans des régions encore
étrangères à toute civilisation, s'accomplit sans fatigue
pour lui, mais non sans intérêt et sans plaisir. De retour
à Alger, il s'embarqua pour la France et revint à Paris
heureux de sa santé reconquise.

Un petit mot de lui daté du 18 juin 1888, peu après
son arrivée, le montre ayant repris sa vie de travail
comme avant sa maladie. « Vous jugez bien, écrit-il, que
je serais déjà venu vous voir si je n'étais encore tenu par
précaution, à n'ajouter aucune course à celles que néces-
sitent mes occupations. Je vous remercie de tout cœur
de vouloir bien me donner vous-même l'occasion de vous
serrer la main.... » Et il me donnait un rendez-vous

auquel je n'eus garde de manquer. Je le trouvai au milieu
de ses enfants, me faisant gaiement avec sa femme les
honneurs de leur déjeuner intime, ayant repris son
visage de santé. Il avait alors trente-sept ans, il n'en
portait pas plus de trente.

Les cinq ou six mois de belle saison se passèrent sans
encombre ; mais sa présence en Algérie avait produit de
si bons résultats pour les affaires de la Compagnie
comme pour sa santé, que son Directeur lui proposa de
partager désormais son temps entre l'Algérie et la
France, et qu'il put retourner à La Touche sans aucun
scrupule pendant les deux hivers suivants.

Je pourrais dire sans exagération que, par ce besoin
de grand air et de mouvement dont la privation lui avait
été si pénible à Paris pendant six années, il passa ces
deux hivers d'Afrique sur les grands chemins ou sur le
confin du désert : plein d'entrain, de vigueur, escaladant
les sentiers les plus abruptes des montagnes avec autant
de souffle que de jarrets, puisant dans chaque nouvelle
fatigue une force nouvelle.

Dans les rares intervalles de repos, il voyageait pour
son compte, seul ou avec sa fidèle compagne. Il fit une
première expédition de long parcours dans la province
de Constantine, jusqu'à Biskra, dont la vieille cité pure-
ment arabe, demeurée intacte, immobile au milieu des
transformations environnantes, le charma par la violence du contraste.

Il parcourut aussi la Tunisie, ravi d'y trouver ce
qu'on rencontre trop rarement sur les côtes africaines,
des résurrections chrétiennes, des fondations catholiques reliant le présent à un passé si lointain, si oublié

malgré ses gloires. L'âme apostolique et guerrière du
Cardinal Lavigerie avait fait jaillir partout des œuvres
vivantes au milieu de ces ruines, des églises, des écoles,
des orphelinats pour les enfants indigènes, et, pour
l'honneur du Christ, pour la propagation de la foi au
Soudan, des cathédrales et des Moines missionnaires.

A Carthage, ce ne fut pas la figure sanglante et tra-
gique de Marius qu'Henri évoqua, mais celle du fils
sublime de sainte Monique. C'est là que saint Augustin
avait vécu, prié, pleuré sa mère dans des pages inimi-
tables, qu'il avait écrit ses immortelles « Confessions, »
qu'il avait rendu son âme à Dieu dans la prévision
douloureuse des catastrophes où devait sombrer un jour
la glorieuse Église d'Afrique.

C'est là qu'il avait promené pendant un demi-siècle
ses pensées, ses rêveries, ses entretiens mystiques avec
Dieu, ses aspirations au ciel, alternant avec ses extases
d'enthousiasme devant les merveilles de la création. En
proie à tous ces souvenirs, à la pensée que le grand
Évêque d'Hippone, le grand docteur, la gloire de l'Église
universelle, avait foulé ce sol, vécu sous ce ciel, contem-
plé journellement ces horizons qui s'étendaient pour la
première fois devant ses yeux, à lui, passager d'une
heure, Henri sentit une émotion immense descendre sur
lui, investir toutes les puissances de son âme, et il
demeura longtemps immobile dans un silence d'anéan-
tissement, d'admiration et de prières.

Au retour de ces expéditions, ses forces étaient si
complètement revenues, sa fatigue cérébrale avait fait
place à un sentiment si vif de vigueur intellectuelle,
qu'il crut pouvoir renoncer à ses hivers en Algérie où sa

présence n'était plus nécessaire, et reprendre sa vie de
bureau sans nouvelle interruption. Mais la fin de l'automne arrivée, pour lui adoucir la transition et le retirer
pendant quelque temps de l'air et de l'agitation toujours
éprouvants de Paris, la Faculté lui conseilla d'aller respirer les senteurs vivifiantes des montagnes, sur ses chères
hauteurs de la Nine. Il passa ainsi, dans cette austère
solitude, une partie des deux hivers suivants, s'occu-
pant par correspondance des affaires de la Compagnie,
et partageant le reste de son temps entre les travaux
fortifiants de la campagne et ses devoirs de famille.

Après les devoirs d'état, l'éducation des enfants lui
semblait pour un père la plus importante, la plus haute
des fonctions. Former leur esprit et leur cœur en les
dirigeant, les élevant par la foi, par la prière, par
l'étude, par l'intelligence précoce et le culte de l'éternelle vérité, de l'éternelle bonté, principe inspirateur
des lettres, des sciences et des arts, c'était son souci
permanent, en même temps que sa plus chère occupation.

L'aîné de ses enfants était alors le seul assez grand
pour qu'il pût utilement exercer près de lui ce ministère
quasi sacerdotal. Non content de lui expliquer le caté-
chisme, ce petit livre donné par Dieu à l'homme, l'alpha
et l'oméga de la religion et de la philosophie, Henri se
plaisait à se faire lire par lui l'Évangile dont il lui déve-
loppait la divine beauté. Il lui faisait également lire tout
haut des pages choisies d'histoire, pour compléter les
enseignements directs de Dieu fait homme par le récit
des grandes actions de l'humanité. — En toutes choses
il cherchait à lui donner l'habitude de réfléchir, de

penser, de discerner le bien du mal, pour faire l'un et fuir l'autre : en un mot il voulait former l'homme dans l'enfant. « L'enfant est le père de l'homme » a dit le poète Anglais.

Souvent il recommandait à sa femme d'éveiller chez les plus petits, dans la mesure de leur âge, le sentiment, le désir instructif de jouir en soi-même, par soi-même, de bien des choses inaperçues des petits ou des grands qui ne savent ni voir, ni réfléchir.

Il s'était fait une loi d'enseigner lui-même à ses fils les éléments du français, du latin, et aussi de la musique. Je me le rappelle faisant devant moi solfier son fils aîné, âgé alors de sept ou huit ans, qui déchiffrait et chantait avec une mesure, une justesse, une aisance étonnantes à cet âge.

Quant au latin il l'avait poussé assez loin pour qu'à douze ans l'enfant pût lire certains auteurs à livre ouvert, et il commençait à en enseigner les éléments à son second fils quand la mort l'arrêta. Tout près de sa fin, il se faisait encore apporter leurs devoirs. Père admirable pour ses fils, fils admirable pour Dieu : tel il fut jusqu'au dernier soupir.

Les hivers de 92 et 93 furent très rigoureux : sur les hauteurs de la Nine un froid de quinze degrés régna sans interruption pendant plusieurs semaines. Henri le brava sans la moindre atteinte, sans cesse dehors, à pied, en voiture découverte, visitant les paysans dans leurs chaumières et leurs champs, comme aux jours tièdes et caressants de l'automne.

Il ne les visita que trop car c'est ainsi qu'à la première invasion de l'influenza dans ce pays perdu, il en prit le

germe en allant les soigner sans aucun souci de lui-
même. Il fut atteint d'une forte grippe, qu'il traita de
haut, comme une indisposition sans conséquence, et
reprit trop tôt ses sorties, ses œuvres habituelles; le
printemps venu, il rentra à Paris mal remis, se livra à
un travail intense pour réparer le temps perdu, et quatre
mois de ce régime à outrance le menèrent presque au
bout de ses forces.

En Septembre 1893, il repartit pour le Midi ne se
doutant pas qu'il quittait Paris pour n'y plus revenir.
Je me souviens de nos adieux au moment de ce départ.
C'était dans un vestibule, au bas de l'escalier qui menait
chez lui. Au moment où j'ouvrais la porte du vestibule,
il descendait suivi de sa femme en costume de voyage.
Nous causâmes familièrement quelques minutes, assis
sur les banquettes d'attente.

Je le vois, avec son beau visage, légèrement amaigri,
mais nullement altéré, causant avec une sérénité parfaite, me regardant de son regard profond et tendre,
mélancolique jusque dans ses sourires. — Nous nous
dîmes au revoir, persuadés de part et d'autre que ce
n'était pas une vaine parole; et en serrant fortement sa
main dans la mienne, je ne sentis pas le frémissement
involontaire qui accompagne les adieux sans espoir de
retour.

Il passa l'année de 1894 et une partie de 1895 à la
Nine, à Saint-Jean-de-Luz, puis à Pau, où l'appelaient
des amis très chers, d'Astorg, Duparc, Planté; séduit
aussi par les facilités d'une grande ville au point de vue
de l'éducation des enfants et des ressources religieuses.
Jusqu'à ses dernières années, la messe resta le plus

grand attrait, la lumière et la consolation la plus chère
de ses journées. C'est à Pau qu'il passa l'hiver de 1894-
1895, et qu'il eut la joie suprême d'assister à la première
communion de son fils aîné, la seule qu'il fût destiné à
contempler des yeux de la chair.

Pendant ce dernier séjour, il logea chez la comtesse
d'Astorg, dont les deux fils, spécialement l'aîné, étaient
ses intimes amis. Cette famille lui fut hospitalière et
chère entre toutes; les bontés de Mme d'Astorg, les
soins dont elle l'entourait, étaient maternels, ils s'étendaient de lui à sa femme et à ses enfants. Leur souvenir
est de ceux qu'il garda dans son cœur jusqu'à son dernier jour, et qu'il emporta dans l'éternité.

A cette époque, au printemps de 1895, il avait repris
des forces et pouvait espérer une nouvelle et prochaine
guérison. Mais l'influenza le poursuivit dans ce dernier
retranchement. Elle éclata à Pau avec violence, et
d'abord ne s'abattit point sur lui. Mais toujours
oublieux de lui-même, il voulut aller visiter des amis,
fortement atteints par l'épidémie, ainsi que tout le personnel de leur maison. Là où ailleurs — qui ne connaît
les caprices de l'influenza? — il fut atteint du mal que,
même avec plus de précautions, il n'eût sans doute pas
évité. Une congestion pulmonaire se déclara, moins
grave et moins longue que celle de 1887, mais dépas-
sant la mesure restreinte de ses forces.

Voyant qu'il ne se remettait pas, sa femme prit le
parti de retourner en Algérie, qui déjà lui avait rendu
la santé : cette fois il était trop tard. Voici la lettre qu'il
m'écrivit de leur charmante villa africaine, le 31 Décembre 1895. C'est la dernière que je reçus de lui. On

verra que tout en voulant espérer encore, il avait déjà
fait, en son cœur, le sacrifice de son bonheur terrestre
et de sa vie.

« Cher Monsieur, l'année 1895 a été mauvaise pour
moi par bien des côtés, et je compte certainement parmi
ses amertumes d'avoir été si éloigné et presque sans
nouvelles de vous. La faute en est aux circonstances et
à moi, qui ne sais pas lutter assez énergiquement contre
cette sorte d'impuissance maladive qui m'empêche
d'écrire. Je m'en veux de mon silence et j'éprouve
aujourd'hui un vrai soulagement à le rompre pour
vous adresser mes vœux à l'occasion de la nouvelle
année.

« Vous savez à quel point ma santé est chancelante,
et qu'au moindre faux pas, je suis exposé à tomber
pour ne plus me relever. Me voici installé à El-Biar
depuis deux mois, avec ma femme, mes enfants et ma
sœur Marie. On me dit que je vais mieux et j'incline à
le croire, sans en être toujours bien sûr. Ma faiblesse
est si grande que je ne puis faire que de courtes prome-
nades à pas lents, autour de la maison. Je puis m'occuper un peu de l'éducation de François; c'est ma meilleure distraction et comme une illusion plus tenace, qui
me permet de me croire encore bon à quelque chose.
Nous sommes favorisés par un temps splendide. J'ai un
excellent médecin. Ce sont de bonnes conditions pour
retrouver des forces si Dieu le veut.

« Je ne doute pas que vous soyez toujours plongé
dans vos travaux littéraires et vos œuvres... dites-moi
comment votre santé supporte cette manière de vivre...

Je n'ai connu que fort tard la publication du livre de ***,
et ce n'est que tout récemment que j'en ai commencé la
lecture à petites gorgées, car je ne lis plus autrement,
même ce qui m'intéresse le plus. Tout me séduit dans
cet ouvrage, la forme comme le fond, et j'espère bien
pouvoir me donner bientôt le plaisir d'écrire à l'auteur
combien, sans en être surpris, il m'est agréable d'avoir
tant de bien à penser de lui.

« Adieu, cher Monsieur; mettons au revoir, pour
être optimiste, car il faut le rester jusqu'au bout. Ma
femme se joint à moi pour vous envoyer nos tendresses.

« HENRI. »

Dans cette lettre écrite d'une main ferme et légère
six mois avant sa mort, je retrouve Henri de Lassus
tout entier. Unissant au calme d'un stoïcien la résignation plus douce d'un chrétien, acceptant la mort si Dieu
le veut, tout en lui demandant la vie avec la simplicité
d'un enfant, il est homme, il est époux et père, il est
aussi tendre et profond à la dernière heure qu'à la première; et dans son incroyable liberté d'esprit, il termine par une appréciation littéraire pleine d'élégance
et de charme une lettre intime et mélancolique que je
puis appeler le testament de son amitié.

Un des premiers soins d'Henri à son arrivée en
Algérie avait été d'écrire au directeur de sa Compagnie
pour demander sa mise à la retraite et donner sa démis-
sion de secrétaire général. Depuis son départ de Paris
en 1893, il avait insisté pour que son traitement fût
diminué en proportion de ses services, mais sans aucun

succès. Par un phénomène étrange et sans exemple, aussi honorable pour les administrateurs de la Compagnie que pour lui-même, les rôles étaient intervertis, et ces hommes de cœur mettaient à lui laisser sa situation et son traitement une insistance d'ailleurs justifiée par les services qu'il avait rendus et qu'il rendait encore.

Dans l'état officiel de ses services, transformé pour lui en une sorte de tableau d'honneur, j'ai constaté avec une vive émotion que le 27 Décembre 1887, après sa grave maladie et son envoi en Algérie, son traitement avait été porté de 15.000 francs à 18.000. On eût dit que, par une exquise délicatesse, ses directeurs semblaient le rassurer sur sa défiance injustifiée de sa santé et l'étendue de ses services. Ces services étaient estimés si hauts, si exceptionnels qu'il trouva longtemps une opposition opiniâtre à l'expression renouvelée de ses scrupules.

Voici en quels termes est libellée la décision qui, sur sa demande, mit fin à ses fonctions de secrétaire général :

« 24 Janvier 1896, licenciement de M. de Lassus sur sa demande, avec mise à la retraite, à partir du 31 Janvier ; et, en considération des services exceptionnels de M. de Lassus, allocation exceptionnelle d'une indemnité de 18.000 francs, en dehors de la rente à lui revenir par suite de la liquidation de ses droits à la caisse des retraites. — Le poste de secrétaire général reste vacant, le conseil espérant le rétablissement de M. de Lassus et sa rentrée en fonctions dans un emploi qu'il a tenu avec de si exceptionnelles qualités. »

« 6 Mars 1896. Nomination de M. de Lassus en qualité d'administrateur de la Compagnie. Le conseil, sur la proposition de M. Peytel, à qui M. de Lassus a fait savoir que son état de santé l'oblige à renoncer à rentrer en fonctions, désirant lui prouver à nouveau sa sympathie et sa gratitude pour les longs et éminents services rendus, le nomme administrateur, à l'unanimité. »

Cette délicatesse de procédés, cette générosité de sentiments, si rares dans les assemblées administratives et dans le monde des affaires, me semblent le témoignage le plus frappant d'estime et d'affection, j'oserais presque ajouter de respect attendri, donné par une grande Compagnie à un de ses agents démissionnaire.

De toutes les preuves de la capacité hors ligne, de la grandeur morale et de l'ascendant personnel d'Henri de Lassus, aucune, à mon sens, n'est plus touchante, plus expressive que celle-là.

Trois mois plus tard, aux premiers souffles du printemps africain, Henri reçut la visite de quelques-uns de mes proches qui faisaient une excursion de vacances de Pâques en Algérie. Ils le virent plusieurs fois et le trouvèrent bien amaigri, presque immatérialisé, mais en pleine vigueur intellectuelle et ne portant dans son esprit aucune trace d'affaiblissement. Il causait avec son charme accoutumé, parlait de tous et de tout, s'intéressait à tout, s'oubliant lui-même pour ne s'occuper que des autres.

La consomption, suite fréquente des graves attaques d'influenza, l'épuisait lentement, sans crise, par la diminution progressive du principe vital. Depuis sa première jeunesse, il avait tant pensé et dépensé, tant travaillé, souffert, aimé, que son existence pouvait être comparée à une campagne militaire dont toutes les années comptent double. En quarante-cinq ans il avait vécu une longue vie; mais cette flamme dévorante, en consumant son corps, respecta jusqu'à la fin son esprit, son cœur et son indomptable volonté.

Porté par la réserve habituelle de son caractère, par la crainte de s'attendrir et d'attendrir les autres sur lui, à ne point parler de ses souffrances ni de l'éventualité d'une mort prochaine, il n'y faisait allusion que très indirectement, même avec sa femme, qui ne pensait, n'agissait, ne vivait que par lui. Quand il causait intimement avec elle de l'éducation de ses enfants, de la carrière de ses fils, de leurs qualités à cultiver, de leurs défauts à combattre, c'était de l'accent d'un voyageur qui fait ses recommandations avant de partir pour un long voyage.

J'avais demandé à son frère de me donner quelques notes écrites sur cette période douloureuse de sa vie et sur ses derniers jours auxquels il avait assisté. Il le fit dans des termes d'une si touchante émotion que je les reproduirai presque intégralement comme un hommage émouvant de piété fraternelle. En voici comme le préambule.

« Les sentiments que j'ai gardés de la manière dont mon frère soutint cette cruelle épreuve sont peut-être, en partie, l'effet de la vive affection qui nous unissait. Je crois cependant qu'il n'est pas exagéré de prononcer le mot « admiration, » et je ne puis m'en défendre. Je

n'ai rien vu qui m'en parût plus digne que la force de
caractère, la résignation, le courage presque surhu-
main dont il nous offrit alors le spectacle. Pour s'en
rendre compte il faut savoir ce que sa femme et ses
enfants étaient pour lui, et ce qu'il était pour eux à tous
les points de vue. Il faut pouvoir mesurer l'étendue de
la douleur et des inquiétudes qui l'ont certainement
assailli pour apprécier l'énergie dépensée par lui dans
l'accomplissement de ce qu'il regardait comme un
devoir : ne rien dire qui pût répandre autour de lui le
découragement. A partir du moment où le péril devint
manifestement grave, il n'a, à ma connaissance, pas dit
un mot qui trahît ses propres angoisses. Il eut pu le
faire tout au moins vis-à-vis de moi. Je crois pouvoir
dire que notre affection, notre confiance réciproques
étaient absolues. Jamais il n'a abordé avec moi ces
questions d'avenir qui nécessairement devaient remplir
sa pensée. Jamais je ne lui ai vu faire ou dire quoi que
ce soit qui pût entamer le moral de ceux qui l'entouraient ou le sien propre. »

C'est beau, mais n'est-ce pas trop beau? N'était-ce pas
pousser bien loin cette intrépidité de courage, de vertu
solitaire, cette volonté immuable de garder pour lui
seul le fardeau d'angoisses que son silence ne pouvait
indéfiniment écarter du cœur de ses bien-aimés? A
cette impression que je comprends, voici ma réponse :
L'homme, même le plus parfait, ne garde jamais en
tout une parfaite mesure, et l'on a observé bien des
fois que les saints eux-mêmes ont subi cette loi de l'impuissance humaine. Les uns, comme saint Vincent de

Paul, ont paru excéder en humilité ; d'autres, comme les saints Ermites et Religieux des déserts, en mortifications. Or je ne prétends pas qu'Henri de Lassus fût plus qu'un saint, ni même qu'il fût un saint.

Cette réserve faite, je trouve à l'excès de son héroïsme une raison, une excuse, si l'on veut, qui l'absout à mes yeux : c'est sa confiance absolue et justifiée en sa femme qu'il avait formée à son image, en son vénérable beau-père qui habitait avec elle, et aussi en son frère. Direction des enfants, gestion de la fortune, intérêts matériels et moraux, tout était trois fois assuré, et son silence devenait ainsi un témoignage suprême de sa confiance en eux. Il pouvait, il devait se croire libre de se jeter, de se tenir plongé dans le double abîme de son humilité et de son abandon à la volonté de Dieu. — La volonté de Dieu, c'était le tout de sa vie spirituelle, le premier et le dernier mot de sa foi et de son amour. Il y demeura fidèle, corps et âme, jusqu'à son dernier soupir.

Il ne poussait pas cependant cet abandon jusqu'à s'interdire l'espérance et la prière. Peu de temps avant sa mort, son bon Curé de la Nine lui ayant parlé, avec les ménagements d'usage, de la possibilité de sa fin prochaine, il lui répondit simplement : « Je suis prêt à mourir, j'accepte la mort, sans me refuser non plus à la pensée que Dieu veuille me guérir, mais je suis prêt. Ce n'est que pour ma femme et mes enfants que ce m'est bien dur. » Simplicité touchante, et qui s'impose à l'admiration quand on la rapproche de sa résignation muette. C'est l'humilité du chrétien dans la fermeté inébranlable du stoïcien.

Vers le milieu du mois de Mai 1896, il quitta sa chère

retraite d'Algérie pour revenir en France et s'établir à
la Nine avec sa femme et ses enfants. Il savait que
c'était un adieu sans retour, mais il n'en laissa rien
paraître, et il accomplit cette dernière traversée à
l'époque accoutumée, comme s'il revenait bien portant
pour fuir le soleil ardent d'Afrique et respirer à pleins
poumons l'air plus clément et encore plus aimé de la
France.

Son dépérissement ne fut ni retardé, ni activé, par ce
changement de climat; il dut seulement, en arrivant à
la Nine, éprouver ce sentiment de repos cher et doux
du voyageur épuisé qui se dit : « Me voici sous mon
toit; je puis m'endormir en paix. »

Son frère, averti de son déclin rapide, vint le rejoindre
peu de semaines après, et les quelques notes, dont
nous citions plus haut le début, embrassent les vingt
derniers jours de sa vie, du 6 au 26 Juillet, jour suprême
où Henri rendit sa grande âme à Dieu. Nous les com-
pléterons par quelques souvenirs pieux de sa chère et
fidèle compagne.

« On verra dans ces notes, dit son frère en les commençant, que tout en n'ayant plus de doutes sur l'immi-
nence de sa fin, il ne cessait de penser à autrui, et que
son esprit restait assez libre pour aborder, à l'occasion,
les idées générales.

« 14 Juillet. — Dans la journée, Henri me dit : « Il
« est singulier de constater comme certaines affections
« se déterminent presque sans cause. Ainsi, j'ai une
« tendresse toute particulière pour ton fils Jacques. Je

« lui crois des qualités exceptionnelles ; j'aurais été heu-
« reux de suivre sa carrière. Ce n'est pas seulement
« parce que je l'ai tenu sur les fonts baptismaux : ce ne
« serait pas une raison suffisante. »

« Par une coïncidence singulièrement touchante,
ajoute M. de Lassus, la veille j'avais reçu une lettre de
ma femme me disant : « Jacques a été si désolé de ce
« qu'il m'entendait dire d'Henri, que j'ai dû le faire
« coucher dans ma chambre pour le consoler. »

« Le même jour, continue M. de Lassus, Henri m'a
dit en me parlant de ses enfants : « Peu de personnes
« comprennent le rôle que le sentiment de l'art doit
« tenir dans la vie. C'est le sel de toutes choses. J'espère
« que l'esprit de mes enfants s'y ouvrira plus tard. J'ai
« fait ce que j'ai pu pour François (son fils aîné âgé alors
« de douze à treize ans) ; mais je n'ai pas encore saisi en
« lui une impression personnelle. » — Je n'ai pas manqué, ajoute M. de Lassus, de faire remarquer à Henri
que ses enfants étaient bien jeunes pour qu'on pût
attendre d'eux la manifestation d'un sentiment personnel.

« Nous avons causé aussi de choses d'art à propos de
différents tableaux exposés cette année et dont il avait
vu la reproduction dans une Revue illustrée. »

« 12 Juillet. — A ceux qui lui donnent des soins :
« Quel métier je vous fais faire. »

« 15 Juillet. — Le docteur Lafosse est revenu ce soir.
(C'était un chirurgien de la Marine qui avait rencontré
Henri en Algérie et qui, amené à Toulouse par le hasard
des circonstances, l'assista, pendant ces jours cruels,

avec le plus entier dévouement.) — Il m'a averti qu'il avait des craintes pour la nuit, à cause de l'excès de la température extérieure. A deux heures du matin le temps a changé. Henri est aujourd'hui dans le même état stationnaire. Nous avons causé de différentes choses notamment de l'éducation de son fils aîné et de diverses questions générales. Au sujet de François, il m'a dit qu'il voudrait avoir encore une année de santé relative pour le mettre complètement à même d'entrer au collège. Sur les questions générales que notre conversation a abordées, il a montré sa lucidité et sa profondeur ordinaires. « Le Français est fait pour la discipline. Dès « qu'il s'en affranchit, il ne vaut plus grand'chose, sauf de « rares exceptions. » Réflexion faite à propos des carrières ouvertes et tracées par les écoles gouvernementales, et des carrières indépendantes. »

« Du 15 au 22 rien de saillant. Déchéance lente. Remerciements muets pour les soins qu'on lui donne. Il s'inquiète de mes douleurs rhumatismales. »

« 23 Juillet. — Le docteur me dit : « C'est un fier « homme, un rare exemple de vigueur morale. Je m'en « suis aperçu ce matin pendant une crise qui eut effrayé « un caractère moins énergique. Je n'ai pu m'empêcher « de lui en faire compliment. »

« 24 et 25 Juillet. — Visites de deux familles amies. Henri inquiet de leur santé, exprime le désir que Lafosse ausculte un de ces visiteurs et le jeune fils de l'autre, ce qui a lieu. »

« Enfin le 26 au matin, une ou deux heures avant de
mourir, il rassemble ses forces pour me dire : « Je te
« demande pardon du triste spectacle que je te donne. »

Le but de ces notes rapides et rares, écrites dans le
même sentiment qui me porte à les reproduire, est surtout de montrer le calme, l'énergie, la possession de lui-
même de ce « fier homme » qui, à la veille de sa mort,
oubliait ses mortelles souffrances pour se préoccuper
de la santé des autres.

Sa femme, compagne et témoin de ses jours et de ses
nuits, de ses heures, presque de ses minutes, dans les
longues épreuves de cette admirable fin d'une admirable
vie, a complété les impressions du frère par ses souvenirs personnels.

Les voici exprimés en quelques mots qui disent tout,
en faisant tout comprendre : « Pendant sa maladie, sans
cesse Henri murmurait : « Que votre volonté soit faite ! »
Souvent il n'achevait pas la phrase, ou je ne l'entendais
pas, car c'était en lui-même, pour soumettre sa propre
volonté, qu'il murmurait cette acceptation des décisions
divines ; peut-être ne se doutait-il pas qu'il en laissait
entendre les premiers mots ; mais c'était là sa pensée
constante : se soumettre, accepter ce que Dieu voudrait
pour lui, mort ou guérison. »

Fiat ! n'est-ce pas le mot souverain, unique du Dieu
Créateur, et du Christ Jésus Rédempteur ? *Fiat lux*, et
la lumière fut ! *Fiat voluntas tua*, et le monde fut sauvé !
— C'est le mot de la Vierge Marie à l'Ange de l'Annon-
ciation : *Fiat mihi secundum verbum tuum*, qu'il me soit
fait suivant votre parole ! C'est le mot qui a fait les

Saints, les Martyrs; c'est le résumé du *Pater*, parole universelle, proférée par le Divin Sauveur.

Henri, à dix-huit ans, nous l'avons vu dans « ses pensées écrites, » s'abîmait déjà dans la méditation de cette parole. Elle fut le mot de sa foi et de son amour, de ses tentations, de ses souffrances, de ses actions de grâces, de sa santé et de sa maladie. Elle fut le mot de sa fin, et quand, en pleine connaissance, il eut reçu les derniers sacrements de l'Église, quand la parole s'arrêta sur ses lèvres mourantes, son âme s'exhala en un *fiat* suprême que les Anges seuls entendirent.

Peu de temps auparavant, à l'approche de cette phase finale qui se prolongea quelques jours, il s'était confessé, suivant l'expression de sa femme « avec le sentiment que ce devait être la dernière fois. »

Se confesser dans ces conditions, quand on voit déjà tout près de soi Dieu, le souverain juge, à travers son Ministre, n'est-ce pas en quelque sorte se confesser à Jésus-Christ lui-même, la suprême justice, mais la divine bonté? Incomparable préparation à la mort !

J'arrive au terme, mais il me reste encore un fait à rappeler, une parole d'Henri de Lassus à reproduire, sans lesquels mon récit serait incomplet : parole la plus humaine et surhumaine, la plus simple et profonde, la plus touchante et solennelle qui soit sortie de la bouche d'un époux chrétien en face de la mort. Quand elle me fut confiée, elle fit tressaillir les fibres les plus intimes de mon cœur; je n'ose la prononcer qu'avec un respect religieux, et j'y attache une telle importance que, pour elle seule, j'aurais écrit ce livre; pour elle surtout, je voudrais qu'il vécût, afin de la faire vivre dans la mémoire des chrétiens.

C'était deux ou trois jours avant son dernier jour. Jusqu'alors il n'avait jamais parlé ouvertement de sa mort, même à sa femme. Ce jour-là, ayant à lui donner quelques soins, elle se pencha sur lui, et en relevant la tête, elle effleura pieusement de ses lèvres le front de son cher malade. — Il leva les yeux, la regarda avec une grande douceur, et d'une voix tendre et grave, il lui dit : « Quand je serai mort, vous m'embrasserez sur le front, là, au même endroit. » Puis il rentra dans son muet recueillement.

Inspiration sublime, testament de l'amour le plus respectueux et le plus pur, rendez-vous ineffable d'outre-tombe, adieu ou plutôt au revoir déchirant et consolateur, plein de tendresse et de force, qui évoque et résume les dogmes les plus humains et divins de la foi chrétienne, l'indissolubilité du mariage, l'impuissance de la mort à la briser, la perpétuité de l'amour conjugal par l'immortalité de l'âme, et aussi par la résurrection du corps, dans un état glorieux, immatériel, mais aussi réel que le corps de Jésus-Christ lui-même, au sortir du tombeau. — Que les enfants d'Henri de Lassus gardent cette parole dans leur mémoire et dans leur cœur et qu'ils rendent grâce à Dieu des parents que sa miséricorde leur a donnés !

Il mourut deux jours après, le 26 Juillet 1896 ; suivant sa volonté, son corps fut porté à Saint-Geniès et inhumé dans la sépulture de sa famille, où il repose sous la garde de sa mère.

Cette mère vénérable n'avait pas quitté son cher fils

depuis son retour d'Algérie; elle l'avait assisté jusqu'à
sa mort, avec sa femme digne de lui, ses enfants, son
frère; et au milieu d'eux elle avait recueilli son dernier
soupir. — O mère douloureuse, qui vit mourir un tel fils !
Mais ô mère deux fois heureuse, qui l'avait enfanté à la
vie de ce monde, et préparé à la vie de l'éternité ! Je
veux, je dois en effet le révéler ici, pour sa consolation
et sa gloire, voici ce qu'Henri me dit un jour au moment
des épreuves cruelles de sa jeunesse que j'ai racontées :
« N'ayez pas d'inquiétude pour mon âme ! Avec une
mère comme celle que Dieu m'a donnée, il est impossible que je ne sois pas sauvé. » Je dépose comme une
couronne d'espérance et de salut sur la tombe de ce cher
ami et sous les yeux de sa mère, ce pieux témoignage
avec le livre où je l'ai consigné. Par où pourrais-je
mieux finir ce récit d'une belle et sainte vie, ce portrait
d'une grande âme ?

FIN

Table

✛

✛

Paris. — Devalois, 144 av. du Maine (11 dans le passage).